JO POLITIQUES

Groupe Eyrolles
61, bd Saint-Germain
75240 Paris Cedex 05
www.editions-eyrolles.com

Mise en pages : Facompo

Pascal Boniface

JO POLITIQUES

Sport et relations internationales

EYROLLES

Préface

Au moment où j'écris cette préface nous sommes à vingt et un mois de l'échéance du 13 septembre 2017 où le CIO va désigner la ville et le pays qui auront l'honneur et le privilège d'organiser les Jeux olympiques et paralympiques d'été de 2024.

La France, à travers sa capitale Paris, a fait part de sa volonté d'accueillir ces Jeux. Elle est officiellement candidate depuis le 23 juin 2015, date ô combien symbolique puisque celle de la célébration mondiale de la journée Olympique.

De cinq villes candidates il y a peu, nous sommes désormais passés à quatre, Hambourg ayant renoncé suite à un référendum négatif.

Si ce résultat interpelle, il montre également le lien avec un contexte global où d'autres paramètres ont joué : celui de la sécurité bien sûr, au lendemain des tragiques attentats du 13 novembre, celui des affaires aussi, celles de la FIFA et de la supposée corruption liée à l'attribution de la Coupe du monde 2006, celles encore de l'IAAF et des contrôles positifs cachés.

La peur du risque conjuguée à un trouble de l'image vertueuse du sport nous oblige à appréhender les choses différemment que si l'univers du sport était cloisonné à son seul périmètre d'activité.

Il nous faut expliquer que les Jeux ne sont pas qu'un rendez-vous sportif réservé aux meilleurs athlètes du monde, doublé d'un spectacle de haute intensité.

Ils sont aussi et même prioritairement un formidable accélérateur de prise de conscience de ce que la pratique sportive peut apporter aux sociétés modernes.

Avant d'être une finalité, ils sont d'abord un moyen. Il ne suffit pas en effet de dire que le sport est bon pour la santé, l'éducation, le lien social ou l'intégration, encore faut-il que cela se traduise dans un projet gouvernemental de société.

Il s'agit en fait de considérer le sport – sa pratique sous toutes ses formes et à tous les âges de la vie et si possible en club, surtout pour les jeunes – comme un investissement et non pas comme une charge. Comme pour beaucoup d'investissements, les effets ne sont jamais immédiats et c'est aussi en cela que les Jeux sont importants.

Tout ceci n'est finalement qu'une question de volonté politique, là comme sur d'autres aspects sociétaux, d'ailleurs. Je cite souvent l'exemple de Medellín et de la Colombie. Les deux ont misé sur le triptyque éducation-culture-sport pour faire reculer les incivilités. Et ça a marché, mais au bout de quinze ans. Qui plus est et cerise sur le gâteau, les résultats sportifs ont suivi et la Colombie a même remporté huit médailles aux JO de 2012 alors qu'elle n'en avait eu que deux à ceux de 2008.

Le lien est évidemment étroit entre le sport et la politique, mais il faut voir la politique au sens noble du terme, sous forme d'actions et de programme, et le sport sous tous ses aspects, non seulement de pratique mais aussi de transversalité.

Le sport est aussi devenu un enjeu de rayonnement international, et même un enjeu économique au-delà des enjeux sociétaux. Il est plus que jamais bien plus que du sport.

Avec l'IRIS, Pascal Boniface dispose de l'outil indispensable à l'analyse géopolitique du sport et pas seulement des Jeux olympiques, même si ceux-ci sont le plus grand événement sportif au monde.

Il est évident que la notion d'apolitisme sportif doit être analysée et précisée car elle est seulement basée sur un principe auquel le CIO est particulièrement attaché, celui de l'autonomie du mouvement sportif dans son organisation.

La non-ingérence des États dans la bonne marche d'un comité national olympique et de sa gouvernance est le fondement de sa qualité de membre.

Le CIO n'hésitera jamais à brandir la menace de l'exclusion, voire à la mettre en œuvre.

Maintenant, il y a autonomie et indépendance. Si la souveraineté politique au sens électif du terme est la règle, le plus souvent respectée − les motifs de dépendance sont nombreux −, celle-ci est d'abord économique, mais elle peut également être structurelle, ou même organisationnelle. Elle est aussi et bien sûr une réalité pour tout ce qui touche à l'international.

Il ne peut y avoir en effet de stratégie sportive internationale sans qu'elle soit en cohérence avec celle plus générale des nations. C'est d'ailleurs pour cela que la candidature Paris 2024 a besoin impérativement de l'engagement sans faille de l'État français. Ce n'est évidemment pas pour autant que ce dernier doit s'en emparer et c'est bien ce qu'en a dit le président de la République François Hollande en appelant, le 31 juillet 2012, le mouvement sportif à réfléchir à l'idée d'une candidature à l'organisation des Jeux olympiques et paralympiques pour 2024 et éventuellement de la conduire. Depuis, beaucoup de chemin a été parcouru et la candidature Paris 2024 est effectivement marquée par une gouvernance inédite où les représentants issus du mouvement sportif disposent de la majorité de décision.

C'est sans doute dans cette prérogative que se situe le challenge le plus important pour le mouvement sportif français en ce début de XXIe siècle. Nous sommes en pleine révolution technologique, chacun s'accorde à dire que notre société va tourner le dos à ce qui a fait l'économie du siècle dernier et s'orienter désormais vers les services.

Le sport n'échappera pas à cette donnée nouvelle. S'il ne veut pas être dépassé comme d'autres secteurs d'activité l'ont été ou le sont actuellement, il doit s'ouvrir et s'adapter. Cela concerne la gouvernance du sport en général, celle des clubs, des fédérations, et bien sûr notre modèle qui reste immuable aux yeux de beaucoup alors qu'il n'a pas changé depuis 1960.

C'est aussi un des enjeux de la candidature Paris 2024, car ne pas évoluer, c'est se préparer à reculer.

Le mouvement sportif devra interpeller les candidats à l'élection présidentielle 2017 et aussi se dire que le contexte dans lequel nous sommes, avec la mondialisation et la montée des extrêmes, nécessite une certaine remise en question, en quelque sorte une autre vision politique des choses pour que notre Nation passe d'une nation de sportifs à une nation sportive.

Denis MASSEGLIA,
président du Comité national
olympique et sportif français (CNOSF)

Introduction

5 août 2016 : ouverture des JO de Rio. Ce sera une grande fête du sport. Les Jeux olympiques sont, avec la Coupe du monde de football, la principale compétition sportive mondialisée. Cela sera également un formidable spectacle vécu en direct par des milliers de chanceux ayant obtenu leur billet et, *via* la magie de la télévision, par des centaines de millions de téléspectateurs, les yeux rivés sur leur écran pour admirer les exploits des champions, vibrer avec eux et vivre des émotions partagées. Il y aura des vaincus magnifiques et tragiques, il y aura des vainqueurs éblouissants. Bref, la dramaturgie est assurée.

Mais les Jeux olympiques ne sont pas que du sport et du spectacle. Ce sont également des événements politiques et stratégiques ; la présence de plus d'une centaine de chefs d'États et de gouvernements au cours des Jeux en est une indication. Au-delà des affirmations du Comité international olympique (CIO) sur l'apolitisme du sport, les JO ont un impact géopolitique majeur. Au moment où la mondialisation est critiquée parce qu'elle tend à faire disparaître l'identité nationale, la compétition sportive vient la renforcer. Le soutien aux sportifs nationaux transcende clivages sociaux, ethniques, religieux et culturels. La télévision crée un stade où chacun peut venir prendre sa place sans aucune limitation. Le sport s'est transformé en un instrument de *soft power*, cette puissance douce qui est devenue la forme nouvelle et subtile du pouvoir. Chaque État tente d'attirer l'attention, le respect et la sympathie des autres nations grâce à ses champions qui sont devenus de véritables stars internationales, connues et admirées sur les cinq continents. Des icônes vivantes du village mondial qu'est aujourd'hui la planète avec l'essor des technologies de communication et de l'information.

Dès l'origine, il y avait un fossé entre l'affirmation hypocrite de l'apolitisme des Jeux et la réalité. Les Jeux olympiques ont eu, depuis leur création, un objectif politique et sont les otages des événements stratégiques. Ce qui était vrai lorsque seules treize nations y participaient en marge (et comme accompagnement) d'une exposition dite « universelle », est forcément encore plus vrai à l'heure du sport mondialisé.

C'est cette histoire géopolitique des Jeux olympiques qui va vous être contée.

Chapitre 1

Le mythe de l'apolitisme olympique

Le baron Pierre de Coubertin et ses différents successeurs n'ont eu de cesse de réaffirmer le caractère strictement apolitique des Jeux. Le sport, selon eux, doit être au-dessus de la mêlée politique et être neutre. Cela n'a jamais été le cas, et ce n'est tout simplement pas possible.

Le CIO lui-même baigne dans un océan d'hypocrisie. Le choix des villes hôtes, des nations participantes – ou exclues – est le résultat de savants dosages géostratégiques. Très vite, les participants vont représenter leur nation et donc prolonger sur les stades les rivalités géopolitiques. La visibilité drainante des Jeux, leur hypermédiatisation leur donnent un impact politique formidable. Il est tentant de s'en servir pour faire passer un message face au monde, réuni pour l'occasion.

L'apolitisme est une valeur fondamentale des Jeux olympiques modernes qui a accompagné et favorisé leur développement, depuis les premières olympiades, il y a plus d'un siècle, jusqu'à aujourd'hui. La *Charte olympique*[1] proscrit toute expression du politique dans le mouvement olympique, à travers six stipulations :

— interdiction de toute forme de discrimination politique : « Toute forme de discrimination à l'égard d'un pays ou d'une personne fondée sur des considérations de race, de religion, de politique, de sexe ou autres est incompatible avec l'appartenance au Mouvement olympique. » (Principes fondamentaux, numéro 6) ;

— interdiction de toute forme d'utilisation politique des Jeux : « Le rôle du CIO est […] de s'opposer à toute utilisation abusive politique ou commerciale, du sport et des athlètes. » (Règle 2, alinéa 10^2) ;

— l'indépendance politique des membres du CIO est exigée : « Le CIO admet ses nouveaux membres lors d'une cérémonie au cours de laquelle ceux-ci s'engagent à remplir leurs obligations en prêtant le serment suivant : "Admis à l'honneur de faire partie du Comité international olympique, et me déclarant conscient des responsabilités qui m'incombent à ce titre, je m'engage à servir le Mouvement olympique dans toute la mesure de mes moyens, à respecter et à faire respecter toutes les dispositions de la *Charte olympique* et les décisions du Comité international olympique, que je considère comme étant sans appel de ma part, à me conformer au code d'éthique, à demeurer étranger à toute influence politique ou commerciale comme à toute considération de race ou de religion, à lutter contre toute forme de discrimination et à promouvoir en toutes circonstances les intérêts du Comité international olympique et du Mouvement olympique." » (Règle 16, alinéa 1.3) ;

— parallèlement, cela permet de préserver l'indépendance politique des comités nationaux olympiques (CNO) face aux pouvoirs politiques : « Les CNO doivent préserver leur autonomie et résister à toutes les pressions, y compris, mais sans s'y restreindre, les pressions politiques, juridiques, religieuses ou économiques qui pourraient les empêcher de se conformer à la *Charte olympique*. » (Règle 27, alinéa 6). « Un CNO n'inscrira des concurrents que sur les recommandations d'inscription émanant de fédérations nationales. Si le CNO les approuve, il transmet ces inscriptions au Comité d'organisation des Jeux olympiques (COJO). Le COJO doit en accuser réception. Les CNO doivent enquêter sur la validité des inscriptions proposées par les fédérations nationales et s'assurer que nul n'a été écarté pour des raisons raciales, religieuses, politiques ou en raison d'autres formes de discrimination. » (Règle 44, alinéa 4) ;

— interdiction de toute manifestation politique sur le lieu des Jeux (particulièrement stricte et sévère) : « Aucune sorte de démonstration ou de propagande politique, religieuse ou raciale n'est autorisée dans un lieu, site ou autre emplacement olympique. » (Règle 50, alinéa 3) ;

— enfin, interdiction de tout discours politique pendant les Jeux : « Pendant toute la durée des Jeux olympiques, y compris toutes les cérémonies, aucun discours de quelque nature qu'il soit ne pourra être prononcé par un représentant d'un gouvernement ou d'une autre autorité publique ni par un autre politicien, dans un lieu placé sous la responsabilité du COJO. Pendant les cérémonies d'ouverture et de clôture, seul le président du CIO et le président du COJO sont autorisés à prononcer une courte allocution. » (Règle 55, alinéa 3).

DANS LES FAITS

Cette interdiction repose sur une formidable ambiguïté, voire une incontestable contradiction, pour ne pas parler d'hypocrisie flagrante. Dès le départ, l'objectif officiel — contribuer à la pacification des relations internationales — est hautement politique et stratégique. L'objectif non avoué de Coubertin — renforcer, grâce à la politique sportive, le rang de la France — l'est tout autant.

À partir du moment où on rassemble, en vue d'une compétition, des citoyens de différents pays, l'événement est forcément politique. Ceux qui feignaient de l'ignorer faisaient de la politique comme Jourdain de la prose. Mais ce dernier s'en émerveilla alors que les membres du CIO s'en offusquèrent lorsqu'ils découvrirent la réalité.

L'interdiction officielle de l'intrusion de la politique dans les Jeux concerne les athlètes, pas les États. Les premiers, qui vont vite devenir des ambassadeurs en short, sont tenus au devoir de réserve. Les États restent libres de déterminer leur ligne politique et le CIO, que ce soit dans l'acceptation ou l'exclusion de délégations nationales ou le choix de la ville hôte, va prendre ses décisions en fonction de critères géostratégiques.

L'interdiction est le signe d'un conservatisme social. Il ne peut être question de laisser des individus exprimer une opinion. Si celle-ci est conforme à l'ordre politique existant, elle est inutile. Si elle diffère, elle peut être dangereuse, car incontrôlée.

Sur le lien entre sport et politique, deux jugements antagonistes reviennent régulièrement ; ce sont des analyses miroirs, toutes deux déformantes. La première revendique le mythe de l'apolitisme du sport et des Jeux olympiques comme s'ils étaient dans une bulle atemporelle, aspatiale, asociétale. La seconde veut que le sport soit une machine d'abrutissement des masses, au service de la domination des puissants. Nouvel opium du peuple, il divertirait ce dernier et le détournerait des objectifs révolutionnaires. Se basant sur une interprétation erronée des Jeux de Berlin et sur une lecture rapide de Wilhelm Reich, ce courant, qui se présente comme une sociologie critique du sport, assimile compétition sportive et répression. Mais c'est une façon purement idéologique qui repose sur une pensée binaire (bien/mal) et surtout qui occulte tout simplement la réalité, y compris dans sa complexité. Certes, des régimes répressifs ont essayé d'instrumentaliser le sport (tout comme la musique, la littérature, etc.), mais les régimes démocratiques l'ont tout autant fait, fût-ce de façon différente. Ce type de raisonnement revient un peu à dire : « Je ne prends jamais les autoroutes, c'est Hitler qui les a construites en premier. »

Cela ne veut pas dire que le sport en soi est au service de régimes répressifs, et surtout − nous allons le montrer −, l'histoire fourmille d'exemples où le sport a permis de faire progresser des idéaux de justice et de progrès.

Après la Première Guerre mondiale, le sport prend une place croissante et va devenir un instrument diplomatique au service des États. Dans la plupart des pays, c'est le ministère des Affaires étrangères qui est en charge de la politique sportive. On peut faire mieux comme marque d'apolitisme…

LES JEUX, MIROIR DU MONDE

L'autorisation de participer aux JO et donc d'être admis dans la grande famille universelle du sport est significative des rapports de force politiques. Après la Première Guerre mondiale, l'Autriche, l'Allemagne, la Hongrie, la Turquie et la Bulgarie furent exclues des Jeux de 1920 à Anvers. Malheur aux vaincus ! Ce sont les vainqueurs qui font la loi olympique. L'Allemagne, que l'on voulait toujours punir, ne fut pas admise à participer aux Jeux de 1924 qui, de surcroît, se déroulaient à Paris. C'est pour montrer que la punition de l'Allemagne était terminée qu'on lui attribua

les Jeux en 1931, sans savoir qu'Hitler les accueillerait
en 1936. L'Allemagne et le Japon furent de nouveau exclus
des Jeux après la Seconde Guerre mondiale. Le Japon reçut
les Jeux en 1964, signe de sa pleine réintégration dans la
communauté internationale. Dans les années 1960, c'est
l'Afrique du Sud qui fut exclue pour cause d'apartheid.
En 1999, l'Afghanistan fut suspendu pour sanctionner l'interdiction faite aux femmes par le régime des talibans de
participer à des activités sportives.

Les facteurs géopolitiques jouent pour désigner le pays
organisateur. Ils sont subtils, jamais affichés, mais puissants.

Le monde occidental est dominant au CIO. L'URSS a
obtenu l'organisation des Jeux de 1980 parce que, en 1973,
date de la décision, on nageait en pleine détente soviéto-
américaine. En période de confrontation avec les États-
Unis, la Chine n'aurait jamais pu obtenir l'attribution des
Jeux, comme ce fut le cas en 2001. Celle des Jeux de 2016
au Brésil peut être considérée comme la reconnaissance
par le CIO de la multipolarisation du monde, et de la
poussée des pays émergents.

En 2008, devant les menaces de boycott qui entouraient la
préparation des JO de Pékin, le président du Comité international olympique, Jacques Rogge, avait tenu à rappeler :
« Les Jeux olympiques doivent rester apolitiques. » Les
racines de cet apolitisme plongent dans l'imagerie des Jeux
de la Grèce antique qui voyaient les différentes cités–États
de l'époque déposer les armes le temps des Jeux.

Chapitre 2

Le CIO, un gouvernement mondial ?

À l'origine, Pierre de Coubertin voulait que le Comité international olympique soit composé d'« un petit noyau de membres travailleurs et convaincus, une pépinière de membres de bonne volonté et éduqués ». En 1908, deux tiers des membres sont des nobles. C'est sous la présidence de Juan Antonio Samaranch (de 1981 à 2001) que les milieux d'affaires font leur entrée en masse au CIO. Le système de cooptation permet d'étendre progressivement le réseau d'influence de celui-ci. Les membres sont choisis *intuitu personæ* et, contrairement à ce qui est généralement véhiculé dans les médias, ils ne représentent pas leur État.

Le CIO est responsable de la *Charte olympique*. Il est l'autorité suprême du Mouvement olympique ; toute personne ou organisation appartenant à un titre quelconque au Mouvement olympique est soumise aux dispositions de la *Charte* et doit se conformer aux décisions du CIO. C'est dire la toute-puissance de l'organisme.

Les enjeux économiques, politiques ou stratégiques, qu'il s'agisse du choix des épreuves ou plus encore celui de la ville hôte, voire de celui de l'admission ou non des comités nationaux olympiques ou des partenaires commerciaux, sont énormes.

Certains membres du CIO n'ont pas résisté à la tentation de ce si grand pouvoir. Des cas flagrants de corruption, notamment pour obtenir leur vote, ont été dénoncés. Ainsi, à la suite du scandale des Jeux de Salt Lake City

– et après la révélation de l'achat de votes pour obtenir les Jeux –, le CIO a modifié sa composition. Il compte désormais 15 athlètes, 15 dirigeants de fédérations internationales, 15 dirigeants de comités nationaux olympiques et 70 autres membres que le CIO juge qualifiés pour servir l'olympisme, soit 115 membres au total. La limite d'âge est fixée à 70 ans pour les nouveaux membres, nommés comme le président pour huit ans renouvelables. L'idée est d'accélérer la rotation de membres. Après Pierre de Coubertin, il n'y a eu en effet que 7 présidents !

Il y a également eu une tentative de diversification géographique et de démocratisation du CIO. Les femmes y ont fait leur entrée, certes timide car elles représentent encore moins d'un cinquième des membres. L'Europe en fournit encore plus de 40 %, l'Amérique du Nord 5 %, l'Amérique latine 12 %, le Moyen-Orient 7 %, l'Afrique 16 % et l'Asie 18 %. D'ailleurs, tous les présidents du CIO ont été européens mis à part l'Américain Avery Brundage. Quant au Conseil exécutif du CIO, il est composé de 15 membres, dont 9 sont européens. Ainsi, on voit que le processus de démocratisation et de transparence qui a été initié en 1999 est encore amené à s'approfondir.

Le CIO est en fait une organisation internationale non gouvernementale à but non lucratif, ou une ONG, à l'instar d'Amnesty International ou de Médecins sans frontières. Mais c'est aussi une institution quasi diplomatique et son président est reçu partout comme un chef d'État, et non des moindres. Le fait qu'il compte plus de membres que l'ONU lui donne également une dimension universelle à laquelle nul autre, à part la FIFA, ne peut prétendre. Finalement, c'est l'opinion publique mondiale qui exerce un contrôle indirect sur les activités du CIO.

Il est indéniable qu'à l'origine, ses membres partageaient les préjugés des élites nobiliaires européennes : méfiance – voire mépris – des non-Européens, sentiments colonialistes et sexistes. Brundage et Samaranch étaient notoirement proches de l'extrême droite. Par la suite, le CIO s'est diversifié. Les accusations de corruption, notamment après les Jeux de Salt Lake City, ont été prises en compte. Le développement des contre-pouvoirs, des réseaux sociaux, des médias, permet d'exercer un contrôle indirect plus fort. La grande force du CIO, c'est l'image des Jeux. Si ceux-ci étaient durablement discrédités par la corruption ou le dopage, ils perdraient de leur attractivité. Aussi, la défense des intérêts du CIO l'a amené à plus de rigueur.

Celui-ci veut, inconsciemment ou non, contribuer à façonner le monde. L'attribution des Jeux en est un élément clé. Bien sûr, le dossier technique, les installations, les infrastructures, les garanties données comptent, mais le CIO se plaît à faire de la géopolitique quadriennale en attribuant les Jeux à un pays qui représenterait un fort symbole de l'évolution du monde.

Le CIO aime à donner le sentiment de reconnaître ces évolutions et même de les préempter (attribution des Jeux à la Chine, au Brésil). Dans tous les cas, les proclamations d'apolitisme sont une plaisanterie qui a été démentie à chaque olympiade.

Chapitre 3

La paix par les Jeux ?

La tradition grecque de la Trêve olympique, dite également « *Ekecheiria* », voit le jour au VIIIe siècle av. J.-C. Selon la mythologie, Iphitos, le roi d'Élide, qui cherchait à mettre un terme aux violences qui ravageaient alors le Péloponnèse, s'adressa à l'oracle de Delphes qui lui répondit : « Iphitos et les Éliens doivent restaurer les concours sportifs » à Olympie et en faire une célébration de la paix. Iphitos instaura ainsi les Jeux olympiques et signa avec Lycurgue (Sparte) et Cléosthène (Pisa) un accord de paix, la Trêve olympique. La première olympiade remonterait aux alentours de 776 av. J.-C., mais l'institutionnalisation de la Trêve sacrée serait effective plus tard, à partir de la fin du Ve siècle, époque où le mouvement panhellénique cherchait à s'imposer.

Selon la tradition, du septième jour avant l'ouverture des Jeux jusqu'au septième jour après leur clôture, toutes les hostilités étaient suspendues, permettant ainsi aux athlètes, familles, pèlerins et spectateurs de se rendre à Olympie et d'assister aux Jeux en toute sécurité. Quelques jours auparavant, des citoyens d'Élide voyageaient à travers le monde grec pour proclamer la Trêve sacrée et diffuser le message. Il s'agissait d'un « cessez-le-feu partiel », mais dont les règles furent observées pendant douze siècles, malgré quelques rares violations. En 420 av. J.-C., durant la guerre du Péloponnèse, Sparte fut condamnée à une lourde amende de 2 000 mines pour avoir attaqué Lépréon, un village d'Élide. Les Spartiates, refusant de payer, furent exclus des Jeux pendant plusieurs années. Plus tard, en 348-347 av. J.-C., l'Athénien Phrynon fut capturé par les Macédoniens alors qu'il se rendait aux Jeux et dut payer une rançon pour se libérer. Le roi Philippe II de Macédoine apprit la nouvelle et le libéra, affirmant que ses troupes ignoraient que la Trêve avait débuté.

Lorsque les Jeux modernes furent créés à l'instigation du baron Pierre de Coubertin en 1894, la notion de Trêve olympique n'apparaissait pas dans les débats. L'important était alors d'enraciner le Mouvement olympique, qui dans ses premières années n'accueillait qu'une poignée d'États et luttait pour sa survie. Celle-ci était fragile et remise en cause à chaque olympiade. Les origines modernes de l'olympisme coïncident avec l'institutionnalisation des disciplines sportives occidentales qui se dotaient progressivement de fédérations et cherchaient à développer leurs pratiques sportives.

Mais en 1892, Pierre de Coubertin déclare solennellement : « Il y a des gens que vous traitez d'utopistes lorsqu'ils vous parlent de la disparition de la guerre, et vous n'avez pas tout à fait tort ; mais il y en a d'autres qui croient à la diminution progressive des chances de la guerre, et je ne vois pas là d'utopie. Il est évident que le télégraphe, les chemins de fer, le téléphone, la recherche passionnée de la science, les congrès, les expositions ont plus fait pour la paix que tous les traités et toutes les conventions diplomatiques. Eh bien ! J'ai l'espoir que l'athlétisme fera plus encore[1] ! »

À l'époque, le développement institutionnel du sport marquait déjà une double dimension pour les élites qui s'attachaient à la propagation des pratiques sportives[2]. D'un côté, il était possible de renforcer le lien entre l'exercice sportif et les finalités politiques, sociales et culturelles à l'œuvre. Le sport présentait l'avantage de former des jeunes citoyens vigoureux, des catholiques ou ouvriers modèles, une jeunesse saine, etc. En dorant ainsi son image, le sport pouvait espérer attirer un grand nombre de pratiquants. De l'autre côté, les élites pouvaient travailler à l'autonomisation du mouvement sportif et mettre en valeur la pureté du sport, son caractère unificateur, gratuit et libre par rapport aux divisions politiques ou sociales.

Si ces deux tendances ont constamment coexisté dans le développement du sport et donc dans les JO, le CIO a *de facto* pris position pour la seconde tendance. En effet, dès les premières années où les rivalités interétatiques étaient très marquées entre pays européens, il était évident que les Jeux olympiques ne pourraient survivre sans l'autonomisation du champ sportif. En se séparant du politique, le Mouvement olympique a favorisé sa diffusion internationale ainsi que son universalisation, devenue définitive dans les années 1990. Revendication d'apolitisme et universalisme sont en profonde interaction dans le développement historique du CIO. Dans son ouvrage écrit en 1922, Pierre de Coubertin explique : « Ce qui importe n'est pas, comme on le répète à tort, un contact matériel dont, à l'heure actuelle, ne saurait résulter aucun rapprochement mental ; c'est bien plutôt l'identité du plaisir goûté. Que la jeunesse bourgeoise et la jeunesse prolétarienne s'abreuvent à la même source de joie musculaire, voilà l'essentiel ; qu'elles s'y rencontrent, ce n'est présentement que l'accessoire. De cette source découlera, pour l'un comme pour l'autre, la bonne humeur sociale, seul état d'âme qui puisse autoriser pour l'avenir l'espoir de collaborations efficaces[3]. »

En 1917, le siège social du CIO est transféré à Lausanne pour éviter qu'il soit utilisé dans le rapport de force franco-allemand. Dans les années 1920, une tentative est effectuée de transférer l'organisation des Jeux à la Société des

Nations (SDN), mais l'opération échoue. Simultanément, Pierre de Coubertin milite pour l'intégration de l'URSS dans le Mouvement olympique, mais son projet échoue également, notamment à cause de l'opposition du comte Clary[4].

Cependant l'apolitisme est difficile à défendre pour le CIO face aux organisations sportives ouvrières qui le taxent de « sport bourgeois » et qui, affiliées à la IIe et à la IIIe Internationale, créent leurs Jeux olympiques ouvriers (quatre éditions entre 1928 et 1936). Comme nous allons l'analyser dans cet ouvrage, l'histoire olympique est émaillée de multiples formes d'expression politique qui concernent tout autant la politique du CIO, les désignations des villes hôtes des Jeux, la préparation et l'utilisation des Jeux par les pays hôtes que les athlètes eux-mêmes.

LE RECOURS À LA TRÊVE OLYMPIQUE

Au tournant des années 1990, la conjugaison de la fin de la guerre froide et du clivage entre l'Est et l'Ouest, le sentiment qu'après la guerre du Golfe l'ONU va jouer le rôle de gardien de la sécurité internationale, la fin de l'apartheid en Afrique du Sud ainsi qu'une vague de démocratisation dans plusieurs autres pays marquent une période d'optimisme dans les relations internationales. Le CIO saisit l'aubaine et, en 1992, invite les nations à respecter la Trêve olympique en référence à ses origines antiques. Le message est notamment relayé par le pape Jean-Paul II. Quelques mois plus tard, le 25 octobre 1993, la 48e session de l'Assemblée générale des Nations unies adopte une résolution historique qui invite tous ses États membres à cesser les hostilités pendant les Jeux olympiques. En 1994, lors des Jeux de Lillehammer, en Norvège, la coordination des efforts diplomatiques du CIO et de l'ONU permet le respect de la Trêve olympique à Sarajevo, ville assiégée de 1992 et 1995, où une délégation du CIO conduite par son président Juan Antonio Samaranch se rend pour célébrer les dix ans des Jeux d'hiver de 1984, tenus dans la capitale bosnienne, et exprimer sa solidarité envers la population meurtrie par la guerre. Depuis, avant toutes les olympiades, l'Assemblée générale des Nations unies vote une résolution appelant les États à respecter la Trêve olympique.

Le Sommet du millénaire des Nations unies, qui se tient à New York du 6 au 8 septembre 2000 quelques jours avant l'ouverture des Jeux de Sydney, adopte une déclaration finale dite « du Millénaire » dans laquelle un paragraphe a été consacré au respect de la Trêve olympique. Une semaine plus tard, à Sydney, les deux Corées défilent sous le même drapeau pour la première fois.

Le retour des Jeux en Grèce en 2004 représente une nouvelle opportunité de renforcer la Trêve olympique. En novembre 2001, les ministres des Affaires étrangères de la Grèce et de la Turquie paraphent une déclaration de soutien pour la Trêve olympique, qui a été signée par une vingtaine d'États.

En mars 2004, à quelques mois des Jeux, le Conseil exécutif de l'UNESCO adopte également un texte à l'unanimité, *La Trêve olympique – Ekecheiria*, dans lequel il est évoqué que « les Jeux olympiques, la Trêve ou *Ekecheiria*, la Flamme et la Torche olympiques sont devenus, conjointement avec l'Olivier, symboles universels de paix et de liberté, indissociables de l'idée de la paix et de la coexistence pacifique mondiale ». L'UNESCO y reprend une résolution de l'Assemblée générale (58/6) adoptée en novembre 2003, qui « prie les États membres d'observer, dans le cadre de la charte des Nations unies, la Trêve olympique, tant individuellement que collectivement, pendant les Jeux de la XXVIIIe olympiade, qui se tiendra à Athènes ».

UNE PAIX LIMITÉE

Malgré ces tentatives diplomatiques, la Trêve olympique n'est pas parvenue à s'institutionnaliser et à s'imposer aux nations en guerre. Lors des Jeux d'Athènes de 2004, les conflits en Irak et en Afghanistan mobilisaient une grande partie des États occidentaux, et la crainte d'attaques terroristes sur les sites olympiques montrait à quel point l'idée d'une Trêve pacifique lors des Jeux reste vaine dans le contexte géopolitique actuel.

Les Jeux olympiques ne sont pas la garantie de la paix mondiale. L'idée même de Trêve olympique est ambiguë. Interrompre une guerre pour mieux la reprendre n'est guère satisfaisant. La guerre interdit plus certainement les JO que les JO n'interdisent la guerre. Ce ne sont pas les JO qui vont amener la paix mondiale. En revanche, ils peuvent contribuer utilement à développer les contacts internationaux et les relations pacifiques.

Si les JO sont affrontement, il est pacifique et symbolique. On peut y appliquer les théories d'Élias qui voit dans la compétition sportive un élément de pacification des sociétés en réduisant l'affrontement à un niveau non guerrier. Dire que le sport stimule l'agressivité est faux. Il la canalise et la fait se dérouler selon des règles fixées à l'avance et jugées de façon indépendante.

Le sport est un moyen parmi d'autres pour contribuer au rapprochement des communautés, ou des pays[5].

Les JO sont avant tout une formidable ouverture sur l'autre. Les sportifs de toute nationalité, de toute discipline, de toute religion, de tout niveau social cohabitent au sein du village olympique. Les moments de fraternisation entre compétiteurs sont bien plus nombreux que ceux d'hostilité manifeste. La même chose peut être écrite pour les spectateurs et téléspectateurs qui peuvent à la fois soutenir leurs champions nationaux et applaudir les exploits de ceux des autres nations, et qui ont l'occasion, tous les quatre ans, de découvrir des pays et des peuples dont bien souvent, ils n'avaient jamais entendu parler.

Chapitre 4

Arrière-pensées politiques et stratégiques

L'histoire politique des Jeux modernes est complexe et ne suit pas un cours linéaire, mais les choix du CIO et le déroulement des différentes olympiades sont constamment marqués par le contexte géopolitique qui les entoure et les conditionne. Alors que les premiers Jeux accueillent une dizaine d'États participants à l'orée de la Première Guerre mondiale, les derniers Jeux de Londres en 2012 ont rassemblé 10 568 athlètes de 204 délégations nationales, soit plus que les Nations unies. Comment en est-on arrivé là ? Quelles ont été les différentes étapes de la mutation olympique ? Comment l'inévitable politisation des Jeux olympiques a-t-elle été historiquement gérée par le CIO ?

En dépit de son discours apolitique, le CIO a constamment agi en prenant en compte les aspects politiques et géopolitiques.

La renaissance des JO après quinze siècles de sommeil n'est pas le fruit de négociations entre États ; elle résulte d'une initiative privée, celle du baron Pierre de Coubertin. Elle n'était pas pour autant dénuée d'arrière-pensées politiques. À l'occasion d'un « Congrès international athlétique » sur la question de l'amateurisme à l'université de la Sorbonne (Paris) en 1894, le Français rétablit les Jeux olympiques, et ce, malgré le scepticisme des Anglais et l'absence des Allemands[1]. La responsabilité de leur organisation est confiée à un Comité international pour les Jeux olympiques, basé à Paris, qui prendra rapidement sa dénomination actuelle, le Comité international olympique.

Malgré la volonté de Coubertin de voir les premiers Jeux être organisés sur le sol français dans le cadre de l'Exposition universelle de Paris en 1900, les premières olympiades modernes ont lieu à Athènes en 1896. La capitale française accueillera donc les Jeux quatre ans plus tard, résultat d'un compromis avec les autorités grecques.

Plus que du sport

Initialement, Pierre de Coubertin a voulu rétablir les Jeux dans un but éducatif, « pour ennoblir et fortifier les sports, pour leur assurer l'indépendance et la durée et les mettre ainsi à même de mieux remplir le rôle éducatif qui leur incombe dans le monde moderne[2] ». Il voulait permettre aux athlètes français de se mesurer à des concurrents internationaux, et plus particulièrement à l'élite anglosaxonne. Mais déjà, le baron voit au-delà du sport et perçoit l'olympiade comme un moyen de concurrencer l'Angleterre sur le plan sportif, dont il admire les institutions et qu'il juge trop prédatrice par rapport à une France qui peine économiquement[3]. L'occasion est également un moyen d'insuffler aux jeunes Français un esprit de compétition, notamment afin de rattraper l'Allemagne, pour laquelle la préparation physique a été déterminante dans la victoire de la guerre de 1870. Universalisme, patriotisme, idéal pacifique et impératifs de défense nationale font bon ménage. Le baron est à l'origine de l'intégration du pentathlon moderne dans les disciplines olympiques en 1912 puisque lui-même citait l'image d'un agent de liaison qui, perdant son cheval en territoire ennemi, devait se défendre avec son épée et son pistolet, traverser un cours d'eau à la nage et courir se réfugier dans son propre camp. Discipline sportive ou entraînement militaire ?

Ainsi, dès leur création, les Jeux olympiques ont une portée qui dépasse le rôle éducatif et sportif, le contexte de l'époque donnant aux joutes sportives un enjeu politique et stratégique pour les États. La guerre de 1870 traumatise les esprits français et conditionne des relations bilatérales tendues, qui passent notamment par une crise diplomatique liée à la colonisation du Maroc (1905), et mènent à la Première Guerre mondiale en 1914. De même, les relations entre la France et l'Angleterre ne sont pas au beau fixe, la lutte pour la colonisation africaine ayant mis les deux pays au bord de la guerre lors de la crise de Fachoda en 1898. Néanmoins, la crainte commune de la montée en puissance de l'Allemagne conduit à la signature de l'« Entente cordiale » en 1904 qui vient réchauffer les rapports entre Paris et Londres, ensuite alliés lors de la Première Guerre mondiale. Si les États-Unis participent aux premiers pas de l'olympisme, les relations avec l'Angleterre, à peine cent ans après l'indépendance américaine, ne sont pas normalisées.

Au point de vue économique, l'Europe et les États-Unis subissent de 1875 à 1895 une profonde dépression après avoir connu un fort développement économique avec la révolution industrielle et l'essor du capitalisme. Les débouchés commerciaux se restreignant, le protectionnisme s'installe entre les nations divisées. Les luttes coloniales et la montée des tensions favorisent les relents nationalistes.

Dans ce contexte géopolitique difficile, seule l'Exposition universelle, dont la première a été organisée à Londres en 1851, permet de rassembler les pays, d'échanger, de partager et de mettre en commun les progrès de l'époque.

Les olympiades de 1900 et 1904 seront ainsi organisées en marge et donc en accompagnement des expositions à Paris et Saint-Louis.

La redécouverte d'Olympie

Si les Jeux sont réapparus à la fin du XIXe siècle, ce n'est pas non plus par hasard. Dans une Europe en mutation et en manque de repères, la mythologie et les images de la Grèce antique perdurent. Depuis le milieu du XIXe siècle, l'Europe se rappelle à plusieurs reprises aux souvenirs des exploits antiques. Déjà, entre 1875 et 1881, l'archéologue allemand Ernst Curtius redécouvre le site d'Olympie au terme de fouilles. Cette découverte va alerter le baron Pierre de Coubertin qui écrira plus tard : « Rien dans l'histoire ancienne ne m'avait rendu plus songeur qu'Olympie. Cette cité de rêve […] dressait sans cesse devant ma pensée d'adolescent ses colonnades et ses portiques ; bien avant de songer à extraire de ses ruines un principe rénovateur, je m'étais employé en esprit à rebâtir, à faire revivre sa silhouette linéaire. L'Allemagne a exhumé ce qui reste d'Olympie ; pourquoi la France ne réussirait-elle pas à en reconstituer les splendeurs ? De là au projet, moins brillant mais plus pratique et plus fécond, de rétablir les Jeux, il n'y avait pas loin[4]. »

Envers et contre tous

Pendant ce temps, d'autres personnes tentent de reformer les Jeux. En Grèce, des petits « Jeux à l'antique » sont financés par le richissime Grec Evangelos Zappas (1859, 1870, 1875, 1877, 1889, 1891, 1893). Ces Jeux étaient autorisés par un décret royal, mais plusieurs éditions sont un fiasco complet et se déroulent dans l'indifférence générale. Des épreuves dites « olympiques » sont également organisées par l'archevêché de Grenoble au petit séminaire du Rondeau près de Grenoble (1832-1906), et les « Jeux olympiques de Much Wenloch » sont organisés localement dans le nord de l'Angleterre par le Dr Brooks depuis 1852[5].

C'est néanmoins à Pierre de Coubertin que revient la réussite du rétablissement des Jeux et de leur caractère international. Elle se concrétise après plusieurs étapes[6] : tout d'abord, le « Congrès international pour la propagation des exercices physiques dans l'éducation » de juin 1889, organisé par Pierre de Coubertin et le ministre français de l'Instruction publique, Jules Simon, au cours duquel se constitue le premier réseau international de pédagogie sportive, Pierre de Coubertin se servant des contacts glanés lors d'une visite aux États-Unis et au Canada[7]. Ensuite, le baron prononce le discours du « Rétablissement des Jeux » en novembre 1892, en clôture du jubilé de l'Union des sociétés françaises de sports athlétiques (USFSA). Il ne reçoit pas d'écho favorable, ce qui l'oblige à rechercher des alliés outre-Manche et outre-Atlantique. Enfin, le « Congrès international de Paris pour l'étude des questions de l'amateurisme et du rétablissement des Jeux olympiques », tenu du 16 au 24 juin 1894 à la Sorbonne, est le cadre de négociations entre des représentants du sport international qui aboutiront au rétablissement des Jeux. La France et huit autres nations sont représentées. Un « compromis olympique » portant sur la nature des épreuves, le lieu et la date des futures compétitions, tout comme la composition du Comité olympique chargé d'organiser les premières olympiades est également adopté.

Cependant, le projet de Coubertin ne fait pas encore l'unanimité, notamment en raison des rivalités étatiques en Europe. La Grande-Bretagne est réfractaire et imagine des Jeux pan-britanniques, l'Allemagne est absente du Congrès, et la Belgique et la Russie ne témoignent pas d'un grand enthousiasme. *A contrario*, la Suède, la Hongrie et les États-Unis soutiennent le projet, et c'est finalement la Grèce et Athènes qui sont désignées pour accueillir les premiers Jeux olympiques de l'ère moderne[8].

Lors des premiers Jeux sur leurs sols, les Grecs tentent de s'accaparer le Mouvement olympique et d'imposer que les olympiades soient organisées tous les quatre ans à Olympie, mais le gouvernement grec sort affaiblit d'une guerre perdue contre la Turquie en 1897. De plus, le Comité olympique et Coubertin s'obstinent à conserver la rotation des villes et pays hôtes. Le baron a surtout en tête de voir les Jeux s'organiser à Paris en 1900. Pourtant, le gouvernement français n'est pas très enthousiaste à l'idée des Jeux et n'y voit pas plus qu'une addition à l'Exposition universelle, qui elle est d'une importance première à leurs yeux. L'aristocrate français dépense sa fortune pour contribuer à l'organisation des différents événements. Laissé pour compte par le pouvoir français, il se réfugie en Suisse pendant la Première Guerre mondiale. Déçue par l'attitude française peu conciliante mais qui a cherché à s'attribuer *a posteriori* les mérites de la création des Jeux, la famille de Coubertin s'oppose au transfert du baron au Panthéon dans les années 1960[9].

C'est une illustration primitive du paradoxe français. Les Français — mais non la France — sont à l'origine de la création de nombreuses compétitions sportives, dont les deux qui connaîtront le plus grand développement et deviendront les événements les plus mondialisés de la fin du XXe siècle : les Jeux olympiques et la Coupe du monde de football avec Jules Rimet. On peut y ajouter, entre autres, ce qui va devenir la Champions League en football, et le Ballon d'or. Mais ceci est dû à des initiatives individuelles. L'État, pourtant fort présent en France, ne s'en est pas mêlé, voire s'en est méfié, en tout cas, n'a guère aidé. C'est le reflet du mépris traditionnel des élites françaises pour le sport qui, s'il est moins fort aujourd'hui, subsiste toujours.

DES DÉBUTS DÉLICATS

Nés d'un compromis contre-nature entre l'initiative personnelle de Pierre de Coubertin et la volonté grecque de s'accaparer le Mouvement, les Jeux olympiques modernes connaissent des premières années difficiles.

Un problème qui survient très rapidement est celui des comités nationaux olympiques : doivent-ils représenter des États ou des nations en tant que telles ? La question crée de nombreuses frictions, notamment avec le problème de l'Autriche-Hongrie qui critique la présence d'un membre du CIO tchèque (Jiri Guth) alors que l'Autriche n'est pas représentée. Finalement, en 1905, un membre autrichien, le prince Alexandre de Solms-Braunfels, accède au CIO. Mais au début, le Comité olympique ne tranche pas la question de la nature des CNO. Le baron de Coubertin se réfère à la notion de « géographie sportive » et décide de traiter les demandes d'adhésion au fur et à mesure. À l'époque, les États n'étaient pas entièrement favorables aux Jeux, alors que, dans certains cas, les nations y étaient très intéressées. C'est ainsi que les Tchèques peuvent défiler lors des Jeux de 1908 comme des représentants de la Bohème, et non de l'Autriche-Hongrie. Le comité olympique tchèque organise même des « Jeux olympiques tchèques » en 1909, auquel le CIO s'est opposé. Progressivement, le CIO va favoriser une lecture interétatique du Mouvement olympique.

Chapitre 5

De la renaissance à la Première Guerre mondiale

Les cinq premières éditions olympiques (Athènes 1896, Paris 1900, Saint-Louis 1904, Londres 1908 et Stockholm 1912) n'ont pas toutes été un succès. Durant ces JO d'avant-guerre, le CIO, institution encore fragile, n'adopte pas de véritable ligne de conduite indépendante. La désignation des villes hôtes et le déroulement des compétitions sont déjà marqués par les considérations politiques. L'engouement populaire n'est pas encore là. La participation des nations et des sportifs reste limitée.

ATHÈNES 1896 : TENTATIVE DE PUTSCH DE LA GRÈCE

Les premiers Jeux de l'ère moderne seront des Jeux *a minima*. Du 6 au 15 avril 1896, 241 sportifs masculins et amateurs de 14 pays[1] s'affrontent dans 9 disciplines différentes : athlétisme, cyclisme, escrime, haltérophilie, lutte, natation, tennis, tir (fusil et pistolet) et gymnastique. On est bien loin de l'événement global et mondialisé. La Grèce étant en conflit avec l'Empire ottoman depuis la naissance de l'État grec en 1830, le rendez-vous olympique est déjà l'occasion pour le pouvoir grec d'exacerber le sentiment national qui se manifeste notamment lors de la victoire du Grec Spyrídon Loúis lors de l'épreuve du marathon. Il ressuscite alors le souvenir glorieux de la bataille de Marathon. L'idée d'une « course de marathon » est due à l'académicien français Michel Bréal. Ami de Pierre de

Coubertin, il lui suggéra d'organiser, pour les premiers Jeux, une course entre le site de la bataille de Marathon et la Pnika, colline d'Athènes où était située l'Ecclésia dans l'Antiquité. Les Jeux modernes veulent s'appuyer sur la symbolique antique.

La bataille de Marathon (490 av. J.-C.) avait vu les Athéniens vaincre les Perses. Deux courses mythiques y étaient associées. Celle de Phidippidès, qui parcourut 240 kilomètres pour prévenir les Spartiates que les Perses avaient débarqué à Marathon, et celle d'Euclès, parti du lieu de la bataille pour annoncer la victoire et mort d'épuisement une fois arrivé à Athènes.

Cette victoire est relatée par le baron de Coubertin dans ses mémoires. Le récit montre qu'on était loin des méthodes actuelles de préparation olympique : « Les Grecs avaient peu de coureurs. Nul de nous ne pensait que le vainqueur serait l'un d'eux et surtout un "improvisé". Spyrídon Loúis était un magnifique berger, vêtu de la fustanelle [jupon grec] populaire, et étranger à toutes les pratiques de l'entraînement scientifique. Il se prépara par le jeûne et la prière, et passa, dit-on, la dernière nuit devant les icônes parmi la clarté des cierges. Sa victoire fut magnifique de force et de simplicité. À l'entrée du stade, où s'entassaient plus de 60 000 spectateurs, il se présenta sans épuisement et, quand les princes Constantin et Georges, par un geste spontané, le prirent dans leurs bras pour le porter jusqu'au roi [Georges Ier], debout devant son trône de marbre, il sembla que toute l'Antiquité hellénique entrait avec lui. Des acclamations inouïes montèrent. Ce fut un des spectacles les plus extraordinaires dont je me souvienne. »

Dès leur création, les Jeux démontrent leur force de symbolisme politique. La rivalité entre la France et l'Allemagne qui est à son apogée depuis la guerre de 1870 pèse également sur la première olympiade. Après des menaces de boycott dans les deux pays, les gymnastes français sont les seuls à refuser de participer à l'événement du fait de la présence allemande[2]. Il s'agit donc de la première forme de boycott politique des Jeux. Elle fera des émules.

Au départ très réservé quant au succès de la renaissance des Jeux olympiques, le gouvernement grec se retrouve bien plus enthousiaste au terme de cette première édition. Alors que les divisions entre le pouvoir royal et la nation sont nombreuses, les JO sont l'occasion d'unifier le peuple derrière ses champions et de renouer symboliquement aux yeux du monde avec son glorieux passé.

Dès lors, les Grecs souhaitent s'approprier définitivement l'organisation de chaque olympiade, ne considérant plus les accords passés. Soutenu par le roi Georges Ier, Timoléon Philémon, premier secrétaire général du comité olympique hellénique, tente de remplacer les membres du CIO par un comité composé uniquement de Grecs[3]. Mais en marge des Jeux d'Athènes, Pierre de Coubertin ne lâche pas prise face aux velléités grecques. Lors de la seconde session du Comité international, il lutte pour que soient respectées les décisions du Congrès de Paris de 1894. Les prochains JO auront donc bien lieu en France en 1900[4], grâce à sa détermination personnelle. Toutefois, il ne sera pas soutenu par les autorités gouvernementales.

Paris 1900 : l'indifférence du gouvernement français

Associés à l'Exposition universelle qui se tient en même temps place de la Concorde et sur le Champ-de-Mars, les Jeux olympiques de Paris souffrent d'un manque d'organisation qui s'explique principalement par le peu d'intérêt que leur portent les autorités françaises. Pierre de

Coubertin l'explique dans ses mémoires : « S'il y avait un endroit au monde où l'on se montrait indifférent aux Jeux olympiques, c'était avant tout à Paris[5]. » On imagine son amertume. Alfred Picard, alors commissaire général de l'Exposition universelle de 1900, semble peu enthousiaste, ce que Pierre de Coubertin révéla plus tard : « J'avais compris qu'il n'y avait pour les Jeux olympiques, rien à attendre de M. Alfred Picard[6]. » Ce dernier, polytechnicien et ingénieur des Ponts et Chaussées, se montre réticent à l'idée de ressusciter ce qui lui paraît un anachronisme dans une manifestation à la gloire de la modernité. Il n'a pas de goût pour le sport et est incapable de comprendre l'importance de l'événement. L'échec des Jeux parisiens aurait pu sonner le glas de la renaissance des JO modernes. Pierre de Coubertin mentionnera plus tard que « c'est un miracle que l'olympisme ait pu survivre à cette célébration ».

« Le sport n'était pour eux qu'un hors-d'œuvre qu'il fallait apprécier à titre secondaire comme tout amusement sain. Mais le jeu de boule ne semblait pas à cet égard différer sensiblement du football. Quant à l'olympisme, ils n'y voyaient qu'un néologisme excentrique et superflu[7]. » Coubertin va dès lors se replier sur les membres du CIO qu'il a lui-même cooptés. « Sa confrérie peu démocratique est composée de trois clans. Un petit noyau de membres travailleurs, compétents et convaincus ; une pépinière de membres de bonne volonté que l'on pourrait progressivement éduquer ; et une façade de gens titrés, fortunés ou importants, dont la présence donne satisfaction à certaines prétentions nationales et assure un apparent prestige à l'Assemblée[8]. » À cette œuvre, Coubertin va consacrer sa vie et sa fortune, 450 000 francs-or, et se réfugier à Lausanne, abandonné par les autorités françaises[9].

Pourtant 10 nouvelles nations se joignent aux épreuves, en majorité des délégations européennes, dont la Russie ; on trouve également 5 délégations des Amériques (Argentine, Canada, Cuba, États-Unis et Mexique). L'édition parisienne accueille ainsi quatre fois plus d'athlètes qu'Athènes en 1896. C'est à Paris que les femmes participent pour la première fois aux Jeux, une vingtaine de sportives s'y affrontent. Le nombre de disciplines augmente également : cricket, croquet, aviron, football, golf, pelote basque, polo, rugby à XV, équitation, tir à l'arc, voile et water-polo s'ajoutent aux disciplines sélectionnées pour Athènes.

SAINT-LOUIS 1904 : « LES JEUX DE LA HONTE »

Chicago avait été élue en mai 1901 par le CIO pour organiser l'édition 1904. Mais la ville de Saint-Louis, ville rivale de celle de l'Illinois, accueille l'Exposition universelle la même année et souhaite elle aussi organiser les Jeux. Après plus d'un an de lutte d'influence, le CIO ordonne le transfert des Jeux. Le baron de Coubertin avait auparavant consulté son ami Theodore Roosevelt, nouveau président américain, qui était favorable à Saint-Louis.

C'est donc avec une certaine réticence que Pierre de Coubertin met au point le programme des Jeux avec James Sullivan, le secrétaire général de l'Amateur Athletic Union, bien plus enthousiaste. L'échec des JO de Saint-Louis sera cuisant : 14 nations seulement y sont représentées et seuls 128 sportifs étrangers y prennent part. Il y a 651 participants dont 523 Américains. Ces épreuves vont se dérouler sur une période de quatre mois et demi pendant l'Exposition universelle. C'est la preuve du peu d'intérêt du monde sportif et du caractère encore non international de ces olympiades. Les Américains vont remporter 85 % des médailles, record inégalé et inégalable.

Le stade de 15 000 places construit pour l'occasion était quasiment vide. Les participants potentiels sont avant tout européens et peu ont entrepris le long voyage qui devait les conduire outre-Atlantique.

Pire, les JO de Saint-Louis seront qualifiés de « Jeux de la honte » en raison de la mise à l'écart des compétiteurs noirs américains. Abomination supplémentaire, deux journées « anthropologiques » sont organisées au cours desquelles l'Amérique blanche teste les capacités des « représentants des tribus sauvages et non civilisées », avec des épreuves spécifiques, comme le jet de pierre. Pierre de Coubertin s'oppose à cette pratique qu'il qualifie « d'outrageante[10] ». La volonté du baron d'exporter ainsi les Jeux hors de l'Europe et d'étendre l'olympisme alors que le mouvement n'est pas enraciné s'avère une tactique risquée. Ces Jeux sont le reflet des préjugés de la société américaine de l'époque.

ATHÈNES 1906 : L'EXPÉRIENCE AVORTÉE DES JEUX INTERCALÉS

Si certains délégués olympiques souhaitent étendre l'olympisme en alternant les villes hôtes, le CIO est divisé face à la demande des Grecs d'accueillir les Jeux de façon permanente. Les échecs des éditions de 1900 et de 1904, par opposition au succès d'Athènes en 1896, plaident en faveur de la Grèce. Le CIO autorise donc celle-ci à organiser des JO « intercalés » en 1906[11] et prévoit même que des Jeux grecs soient organisés entre chaque olympiade. L'édition 1906 accueille 900 athlètes de 20 nations différentes et est considérée comme une réussite, surtout au regard des deux éditions précédentes. Mais les Grecs ne peuvent pas organiser l'édition 1910, d'une part à cause des tensions régionales qui préfigurent les guerres balkaniques de 1912-1913, d'autre part car les organisateurs remarquent qu'ils n'ont pas le temps d'organiser ainsi des Jeux tous les deux ans. L'éclatement de la guerre en Europe en 1914 oblige l'annulation des Jeux grecs prévus cette année-là. L'idée des Jeux intercalés sera ensuite abandonnée par le CIO au sortir de la guerre, et les Jeux de 1906 seront rétroactivement supprimés de l'histoire olympique et mentionnés comme une célébration des dix ans de la renaissance des Jeux.

1906 reste donc la seule édition de ces Jeux grecs intercalés, et la tentative des Grecs de récupérer les Jeux est un échec. Néanmoins, cette édition auxiliaire a joué un rôle important dans la genèse olympique car elle a institué les premières traditions cérémoniales, avec notamment le défilé des athlètes et les remises de médailles, rituels repris lors des Jeux de Londres de 1908. En outre, le succès populaire des Jeux en Grèce a certainement permis de restaurer la confiance dans les Jeux après les épisodes ratés de 1900 et 1904.

Les JO auraient-ils connu un tel développement s'ils avaient eu un lieu fixe en Grèce ? Cette compétition, qui aurait certes pris de l'importance au fil des éditions, serait-elle devenue – avec la Coupe du monde football – l'événement sportif le plus mondialisé ?

Certains disent que cela aurait permis d'éviter les boycotts. Ce n'est pas tout à fait exact. Si les boycotts de 1980 et 1984 sont liés au choix des villes dans un contexte de rivalité Est-Ouest, celui de 1976 ne devait rien au choix de Montréal. D'ailleurs, en 1976, deux ans après la guerre qui avait opposé ces deux pays (la seule guerre en Europe entre 1945 et 1990), la Grèce aurait-elle pu accepter des sportifs venant de Turquie ?

LONDRES **1908** : UNE DIMENSION INTERNATIONALE ET STRATÉGIQUE

Après deux éditions des Jeux au bilan plus que mitigé, le Comité olympique souhaite revenir à l'esprit olympique des JO d'Athènes de 1896. Conquis par la candidature de Rome, Pierre de Coubertin désigne la capitale italienne comme ville hôte en insistant sur son Histoire antique, au détriment de la candidature berlinoise et de la volonté italienne de répartir les Jeux sur l'ensemble du territoire[12]. Mais l'éruption du Vésuve, le 7 avril 1906, contraint la capitale de la nouvelle nation italienne à renoncer à l'organisation de l'olympiade. Suite à ce forfait, les villes de Berlin et de Londres posent leur candidature. Le 24 novembre 1906, le Comité international olympique, sous la volonté de Pierre de Coubertin, désigne finalement Londres pour l'accueil des Jeux de 1908.

Mais une fois de plus, ils viennent se greffer sur un autre événement considéré comme plus central. En dehors d'Athènes, on ne pense pas que les Jeux peuvent être un événement en soi, autonome. Le comité d'organisation décide d'intégrer les Jeux olympiques dans l'exposition commerciale commémorant l'Entente cordiale entre le Royaume-Uni et la France. L'Angleterre, berceau de nombreuses disciplines sportives modernes, met tout en œuvre pour prouver la supériorité du pays à travers le sport et l'organisation de l'olympiade. Construit pour l'occasion, le White City Stadium, d'une capacité de 66 288 spectateurs, illustre la volonté anglaise de grandeur. L'édition londonienne est considérée par beaucoup comme l'envol de l'aventure olympique[13]. Pour la première fois, lors des JO, les 22 délégations participantes défilent derrière leur drapeau lors de la cérémonie d'ouverture. Cette édition fixe également la distance du marathon puisque la famille royale souhaite que la course démarre du château de

Windsor puis se termine dans le stade olympique. Cette distance a été mesurée et scellée comme mesure officielle de l'épreuve : 42,195 kilomètres. C'est donc ce parcours qui va fixer la distance de cette course mythique, et non celle qui sépare les côtes de Marathon d'Athènes.

Les athlètes irlandais, quant à eux, boycottent les Jeux car l'Angleterre refuse de leur accorder l'indépendance.

STOCKHOLM 1912 : PREMIERS JEUX UNIVERSELS ?

Stockholm fut désignée ville hôte de ces Jeux lors de la 10e session du Comité international olympique à Berlin, le 27 mai 1909 ; aucune autre ville n'était candidate. Pour la première fois de l'histoire olympique, les cinq continents sont représentés, le continent asiatique faisant son apparition par l'intermédiaire du Japon. Côté africain, l'Égypte et l'Afrique du Sud envoient des délégations, et l'Australie et la Nouvelle-Zélande concourent sous le nom d'« Australasie ».

Les Jeux de Stockholm sont l'occasion de plusieurs revendications politiques. Les nations peuvent finalement concourir séparément, mais à partir de la Première Guerre mondiale, le CIO opte pour une politique d'acceptation des CNO en fonction de critères étatiques et non plus nationaux. Symbole de l'animosité entre la Russie et la Finlande, le combat pour la médaille d'argent en lutte gréco-romaine entre le Russe Martin Klein et le Finlandais Alfred Asikainen dure 11 heures et 40 minutes !

Pour l'anecdote, les États-Unis et la Suède dominent le tableau des médailles. Cette dernière olympiade d'avant-guerre est un véritable succès populaire, les épreuves d'athlétisme accueillant autour de 200 000 spectateurs.

Une histoire connue et malheureuse des Jeux de 1912 est celle de Jim Thorpe, Américain aux origines irlandaises et indiennes (d'Amérique), qui remporte l'épreuve de pentathlon et de décathlon. Il est félicité par le roi Gustav de Suède en personne qui lui aurait dit : « Monsieur, vous être le meilleur athlète au monde. » Thorpe lui aurait répondu : « Merci, roi. » Mais six mois après son triomphe, un journal rapporte qu'il aurait enfreint l'obligation d'amateurisme en jouant au base-ball de façon semi-professionnelle en Caroline du Nord pendant les étés 1909 et 1910. Thorpe est dépouillé de ses titres et rayé des archives. Il meurt alcoolique et anonyme dans un parc en 1953. Ses origines ethniques ont été pour beaucoup dans l'acharnement qui s'est exercé à son encontre.

Les délégations autrichienne et hongroise défilent séparément alors qu'elles appartiennent au même État. Les Finlandais, alors sous la tutelle des Russes, ainsi que les Tchèques, les Slovaques et les Hongrois qui font partie de l'empire d'Autriche, revendiquent une participation autonome et non sous la bannière des empires auxquels ils appartiennent.

L'olympisme a par ailleurs pré-annoncé l'éclatement de l'Empire austro-hongrois. Jiri Guth, d'origine tchèque et appartenant donc audit empire, est membre fondateur du CIO dès 1894. Il participe aux débats sur l'organisation du Mouvement olympique. Il plaide pour la création d'un comité olympique tchèque, arguant de la situation spécifique des nations sous la tutelle austro-hongroise. Sa proximité avec Coubertin lui permet d'obtenir gain de cause. Aux Jeux de 1908, les Tchèques peuvent défiler en tant que représentants de la Bohème, derrière la délégation belge, bien que faisant partie de l'Empire austro-hongrois.

En 1920, l'Autriche et la Hongrie sont exclues des Jeux auxquels la Tchécoslovaquie participe de plain-pied.

L'ANNULATION DE BERLIN 1916

Enfin désignée par le CIO, Berlin n'accueillera pas les Jeux olympiques de 1916. Le système des alliances plonge le continent dans la guerre et met entre parenthèses les espoirs et les rêves olympiques de Pierre de Coubertin. Néanmoins, le succès des éditions 1906, 1908 et 1912 a permis à l'olympiade de s'enraciner suffisamment pour renaître à la suite du conflit mondial. La tentative de récupération grecque échoue et l'institutionnalisation des rites olympiques, initiée en Grèce en 1906, continuera pendant l'entre-deux-guerres. L'universalisation des Jeux entame son irrésistible progression, avec la participation de l'Australie dès les premiers Jeux de 1896, celle de l'Inde en 1900 puis la participation du Japon en 1912.

L'entre-deux-guerres, institutionnalisation et rivalités politiques d'après-guerre

Désormais installé à Lausanne, en pays neutre, le CIO poursuit son développement après l'interruption de la Première Guerre mondiale. Mais le conflit a laissé de lourdes traces et met à mal la neutralité de l'événement. Malgré leur esprit rassembleur, les Jeux olympiques ne peuvent mettre immédiatement en compétition des nations qui ont combattu quatre années durant, au prix de lourdes pertes. Cela montre, si besoin était, les limites de « l'apolitisme » des Jeux. Les Allemands ne sont pas conviés aux olympiades de 1920 et de 1924. L'URSS refuse de prendre part à chaque rendez-vous olympique de l'entre-deux-guerres, assimilant le CIO au capitalisme et à la bourgeoisie. Le principe d'universalisme prôné par les membres du CIO reste purement théorique. Si le sport et la compétition sportive s'implantent peu à peu en Europe et aux États-Unis, ils sont encore largement inconnus en Asie, en Afrique noire et en Amérique du Sud. Le CIO s'interroge alors sur la question d'organiser des Jeux régionaux aux dépens de l'universalisme du sportif. Cette réflexion s'appuie sur la faiblesse des moyens de communication : les distances sont longues et coûteuses à parcourir.

Ainsi prennent forme les Jeux d'Extrême-Orient, latino-américains, de l'Amérique centrale et panindiens auxquels assistent les membres du CIO originaires des régions concernées. Au cours du congrès de

Lausanne de 1921, certains membres du Comité olympique craignent que ce régionalisme sportif favorise une « géopolitique diplomatique du sport » et un émiettement du Mouvement olympique[1].

Toutefois, les Jeux de l'entre-deux-guerres complètent la dramaturgie olympique : la flamme, le drapeau et l'hymne olympique sont adoptés.

ANVERS 1920 : MALHEUR AUX VAINCUS

Budapest fut désignée dans un premier temps pour l'organisation des JO, mais l'Empire austro-hongrois étant un allié de l'Allemagne, les Jeux lui furent retirés au profit d'Anvers. Le comité d'organisation décida également, contre l'avis de Pierre de Coubertin, d'exclure l'Allemagne, l'Autriche, la Hongrie, l'Empire ottoman et la Bulgarie des Jeux. Ayant perdu la guerre, ils en étaient considérés comme responsables et coupables. Les sanctions sportives accompagnaient les sanctions politiques. Une fois de plus, le mythe de l'apolitisme volait en éclats, ou du moins s'appliquait de façon très sélective, en suivant la courbe des rapports de force. Jean Noblemaire, rapporteur du budget du ministère des Affaires étrangères : « Il est absolument indispensable que la France ne perde pas aux yeux du monde athlétique, prédominant dans de nombreux pays comme l'Amérique, l'Angleterre, les pays scandinaves, le prestige que lui a donné le sport suprême : la guerre. »

Entre-temps, la révolution bolchevique de 1917 a installé le communisme à la tête de l'État russe, et les Soviétiques refusent de participer à des Jeux qu'ils qualifient de « petits-bourgeois[2] ».

Alors que les nations victorieuses du conflit refusent d'affronter sur le terrain sportif les nations vaincues (évitant ainsi l'occasion de revanches sportives sur les défaites militaires), l'absence de ces dernières est compensée par l'arrivée de nouveaux membres au CIO. Le Brésil ainsi que l'ensemble de l'Europe occidentale et scandinave sont désormais intégrés.

Les Jeux de 1920 sont marqués par l'apparition du drapeau arborant les cinq anneaux olympiques. La création de cet emblème fut en discussion lors d'une session du Comité international olympique de 1910. Le drapeau conçu par le baron Pierre de Coubertin en 1914 représente l'ensemble des continents en harmonie. Il est hissé officiellement lors de la cérémonie d'ouverture. Le serment olympique, tout juste créé, est prononcé pour la première fois par un athlète lors de la cérémonie d'ouverture.

Simultanément, l'olympisme se débarrasse de certaines disciplines. Ainsi, le tir à la corde, épreuve olympique depuis 1900, est abandonné.

PARIS 1924 : « PLUS VITE, PLUS HAUT, PLUS FORT »

Malgré l'échec de la première olympiade parisienne de 1900, le baron Pierre de Coubertin parvient à convaincre le CIO d'y faire revenir les Jeux. Les nations vaincues lors de la Première Guerre mondiale, écartées en 1920, font leur retour, excepté l'Allemagne. Le gouvernement français prétexte hypocritement qu'il n'est pas en mesure d'assurer la sécurité de la délégation germanique. L'heure n'est ni au pardon, ni à la réconciliation. Du moins pas pour l'Allemagne, qui subit un traitement particulier et très politique. Pierre de Coubertin s'oppose à cette décision, lui qui souhaitait faire de cette rencontre celle de la réconciliation. Désabusé, le baron quittera la présidence du Comité olympique l'année suivante, après vingt-neuf années de services.

Ces JO sont marqués par l'apparition de la devise olympique de Coubertin, empruntée à l'abbé Henri Didon : « *Citius, altius, fortius* » (« *Plus vite, plus haut, plus fort* »). Le stade de 45 000 places de Colombes, aux portes de Paris, est construit pour l'occasion et rempli pour la cérémonie d'ouverture. Preuve de l'importance désormais admise des Jeux, la cérémonie est présidée par le nouveau président de la République française, Gaston Doumergue. Enfin, lors de la cérémonie de clôture, un nouveau rituel est institué : trois drapeaux sont hissés dans le stade, à savoir celui du CIO, celui du pays hôte et celui du prochain pays à organiser les Jeux.

Amsterdam 1928 : le retour de l'Allemagne

Après deux échecs successifs, Amsterdam est désignée par le CIO le 2 juin 1921, à Lausanne. Candidate malheureuse, la ville de Los Angeles reçoit néanmoins l'assurance d'accueillir les Jeux de 1932.

Malgré le veto de la reine Wilhelmine des Pays-Bas qui considérait les Jeux olympiques comme une « manifestation païenne », l'olympiade se déroule dans une atmosphère positive et voit pour la première fois l'allumage de la flamme olympique, nouveau symbole des Jeux. Après seize ans d'exclusion du Mouvement olympique, c'est le retour de la délégation allemande, retour qui provoque un incident avec la France : après que des athlètes français se voient refuser l'accès au stade olympique d'Amsterdam lors de la reconnaissance des installations, Paul Méricamp, secrétaire général de la Fédération française d'athlétisme, est agressé pour avoir contesté cette interdiction alors que d'autres délégations, dont celle de l'Allemagne, ont pu rentrer dans le stade. Considérant le comité d'organisation germanophile et francophobe[3], la France décide alors de boycotter la cérémonie d'ouverture.

Les femmes font également leur entrée sur la piste dans l'épreuve du 800 mètres, au grand désaccord du baron Pierre de Coubertin qui n'assiste pas aux Jeux. Mais après l'épreuve, certaines femmes font état d'une fatigue qui inquiète les organisateurs et elles seront interdites de la course jusqu'en 1960.

Ces Jeux sont les premiers à être parrainés par Coca-Cola, la déjà célèbre boisson américaine. L'entreprise assure le transport de l'équipe américaine et envoie mille packs de boisson aux Pays-Bas. Cette première collaboration entre Coca-Cola et le CIO va déboucher sur une relation durable qui se perpétue encore aujourd'hui et sera mise en valeur lors des programmes de commercialisation du CIO pendant les années 1980 et 1990.

À ces Jeux, les Américains remportent un maximum de médailles (22 médailles d'or contre 10 pour le deuxième, l'Allemagne). Les mots du président du comité olympique américain, le général Douglas MacArthur, futur commandant de la flotte américaine dans le Pacifique pendant la Seconde Guerre mondiale, illustrent le nationalisme qui habite les délégations sportives : « Nous sommes ici pour représenter le meilleur pays au monde. Nous ne sommes pas venus ici pour perdre la tête haute, mais pour gagner de façon décisive. » On est loin du principe selon lequel l'essentiel est de participer. La compétition sportive est considérée comme le reflet de la puissance d'un pays. Et ce n'est pas le leader d'une dictature qui l'affirme, mais le représentant d'une nation démocratique. Le choix par Washington d'un général comme chef de délégation montre implicitement que le sport est une forme − atténuée, arbitrée et canalisée − d'un affrontement.

LOS ANGELES 1932 : LES JEUX EN CONTEXTE DE CRISE ÉCONOMIQUE

Pour la deuxième fois, les États-Unis célèbrent une olympiade sur leur territoire, après Saint-Louis en 1904. Ces JO se déroulent dans un contexte de crise économique sans précédent suite au krach boursier de 1929. Environ 15 millions d'Américains sont alors au chômage. À l'instar des Jeux olympiques de Saint-Louis vingt-huit ans plus tôt, ces Jeux pâtissent de l'éloignement et des coûts élevés requis pour se rendre en Californie. Le président Herbert Hoover n'est pas présent à la cérémonie d'ouverture, qui accueille deux fois moins de participants qu'en 1928, la Chine faisant malgré tout son apparition. Les Jeux sont perçus comme un simple divertissement par des Américains qui subissent de plein fouet la crise économique, et leur succès tarde à se dessiner. La présence de vedettes de cinéma d'Hollywood à la cérémonie d'ouverture assure le succès populaire de cette édition qui rassembla plus de 100 000 personnes lors de ladite cérémonie.

Los Angeles 1932 est l'édition qui construit le premier village olympique pour accueillir les athlètes. Les femmes en sont exclues par souci d'éviter une promiscuité jugée potentiellement dangereuse pour les mœurs et les performances sportives. Les vainqueurs sont désormais présentés sur des podiums. Afin d'éviter tout incident pendant le défilé et suite aux incidents de 1928, le comité d'organisation décide d'intercaler la délégation britannique entre celles de la France et de l'Allemagne.

Chapitre 7

Berlin, les Jeux d'Hitler et du nazisme

Les Jeux de Berlin de 1936 sont restés dans la mémoire collective comme le symbole de l'instrumentalisation politique du sport. De surcroît au service de la pire des causes, celle d'Hitler et du nazisme.

L'accueil des sportifs du monde entier, loin d'être une ode à la paix, fut mis au service de l'exaltation de la grandeur du régime nazi et du triomphe personnel de son chef, Adolf Hitler, omniprésent. Le nazisme, qui magnifiait le culte du corps, entendait montrer sa supériorité grâce aux Jeux olympiques. À n'en pas douter, Hitler a voulu récupérer à son profit l'événement. Mais il n'a pas tout à fait réussi.

En 1931, le CIO décide de confier les Jeux de 1936 à la République démocratique de Weimar. C'est un gage de confiance qui traduit l'apaisement international. C'est également la fin de l'intransigeance française face à l'Allemagne et la promesse d'une normalisation de leurs relations. La tenue de l'olympiade doit saluer la respectabilité retrouvée de l'Allemagne. Celle-ci est engagée dans un processus de normalisation de relations avec ses voisins. Elle se veut pacifique. Il s'agit également d'une forme de compensation puisque l'édition de 1916 prévue à Berlin avait été annulée pour cause de guerre.

MENACES DE BOYCOTT

Hélas, la crise économique, politique et sociale va bouleverser la donne. Le Führer va vouloir faire des Jeux une démonstration de la puissance allemande. Alors que le régime nazi s'installe progressivement en Allemagne, l'édition olympique de 1936 constitue pour lui une double opportunité : assurer la promotion du régime en interne et le rayonnement de la puissance allemande à l'extérieur.

Afin de dénoncer le nazisme et de lui refuser ce succès de prestige, de nombreux mouvements prônant le boycott des Jeux de Berlin apparaissent aux États-Unis, en Grande-Bretagne, en France, en Suède, en Tchécoslovaquie et aux Pays-Bas. Un comité international pour le boycott des Jeux fascistes est créé : le Comité international pour le respect de l'idée olympique. En France, la nouvelle Fédération sportive de gauche (FSGT) lance le slogan : « Pas un sou, pas un homme pour les JO de Berlin ! » Les journaux sportifs de l'époque y consacrent de nombreux articles : « La loi olympique est violée chaque jour, aucune garantie de liberté n'est accordée aux sportifs juifs et catholiques. Dans ces conditions, notre devoir, ainsi que celui de tous les hommes d'honneur, est de dénoncer vigoureusement les pratiques hitlériennes et de demander le transfert des Jeux dans un autre pays[1]. » Ces mouvements coïncident avec la stratégie du Front populaire mise en place dès 1934 par les gauches européennes, en particulier les gauches française et espagnole, pour combattre la montée du fascisme en Italie, en Allemagne et en Espagne. En parallèle, Anvers, Prague et quelques autres villes tentent – sans succès – d'organiser des Jeux olympiques alternatifs.

Le débat sur la participation est particulièrement animé aux États-Unis. En 1935, Avery Brundage, président du comité national olympique américain, effectue une visite à Berlin, sous étroite surveillance nazie. Les Allemands lui ont affirmé que les Jeux olympiques étaient simplement un événement sportif et qu'ils ne seraient pas utilisés pour promouvoir des points de vue politiques. Brundage veut croire à ce discours d'apaisement et change son intention originelle de boycotter les Jeux olympiques. Jeremiah Mahoney, président de l'Union des athlètes amateurs des États-Unis, insiste sur le fait que la discrimination raciale nazie viole l'esprit olympique et exprime son refus d'aller à Berlin. Brundage lui rétorque que la « politique ne devrait pas être amenée dans le sport ». Finalement, les États-Unis participent aux Jeux de Berlin et le président Franklin Roosevelt assiste même aux cérémonies, à une époque où les déplacements transatlantiques sont encore longs. La décision des États-Unis fait pencher la balance : les pays qui hésitaient encore décident eux aussi de participer. Ainsi, ce sont 49 pays qui vont concourir à ces Jeux olympiques, un nombre record.

L'ÉCHEC DES JEUX ALTERNATIFS

Parallèlement à la tentative de boycott, des contre-Jeux sont préparés à Barcelone. Le 18 février 1936, la victoire du Front populaire en Espagne sert de déclic à la décision d'organiser des « Olympiades populaires » en juillet 1936 à Barcelone, présentées comme les « contre-JO nazis » de Berlin. Début mai, le programme définitif est annoncé et le comité d'organisation de Barcelone lance les invitations officielles. Tous les sportifs peuvent y participer, soit individuellement, soit délégués par leur club ou par leur fédération, donc sans dépendre directement des comités nationaux. Le stade olympique est inauguré à Montjuïc, et les hôtels se préparent à accueillir plus de 6 000 participants, sportifs, entraîneurs et journalistes.

Le 4 juillet 1936, en France, les épreuves officielles qualificatives pour Barcelone se déroulent au stade Pershing.

Léo Lagrange – secrétaire d'État aux sports et aux loisirs du gouvernement du Front populaire – préside ces journées. 1 200 athlètes français s'inscrivent à ces olympiades antifascistes. Dans la même semaine, à Garches (Yvelines), Pierre Cot (ministre des Transports), André Malraux, Léo Lagrange et de nombreux leaders du Front populaire participent à une journée de soutien aux Olympiades populaires et pour le boycott des Jeux racistes de Berlin. Le gouvernement Blum, arrivé au pouvoir en juin 1936, refuse tout d'abord les subventions aux participants et aux partisans des Olympiades de Barcelone. Il s'agit ici de la logique politique de non-intervention, la même qui verra le gouvernement du Front populaire refuser d'aider militairement la République espagnole attaquée par Franco, lui-même soutenu par l'Allemagne nazie et l'Italie fasciste. Pas d'aide militaire française ; ce seront les Brigades internationales des volontaires qui iront défendre par les armes la République d'Espagne. Concernant les Olympiades, les frais de voyage, d'hôtel, d'entraînement ainsi que les salaires (des sportifs) sont à la charge des délégations et des athlètes. Puis Léon Blum inscrit la question de la participation aux Jeux de Berlin à l'ordre du jour de l'Assemblée nationale, dont la majorité lui est acquise (316 députés sur 618). Le 9 juillet en fin d'après-midi, le vote porte sur la participation de la France aux Jeux de Berlin. Il est sans appel : la droite vote unanimement « pour » et toute la gauche s'abstient (Parti communiste compris).

Malgré tout, dès le 14 juillet, par bateaux ou par trains, les sportifs de 23 pays se dirigent vers Barcelone. Mais dans la nuit du 18 au 19 juillet, le soulèvement militaire franquiste débute et les premiers coups de feu éclatent aux points stratégiques de Barcelone. Dans les hôtels, certains sportifs pensent qu'il s'agit de feux d'artifice en l'honneur des Olympiades ! En cette journée du 19 juillet, si la majorité d'entre eux restent dans leurs résidences, d'autres sortent pour aider le peuple contre l'offensive des militaires. Certains sont blessés ou tués. Le 20 juillet, le calme revient à Barcelone. Athlètes et délégués découvrent une ville où le prolétariat est sorti victorieux d'un combat contre le fascisme. Les sportifs réfugiés juifs, antifascistes italiens, allemands, autrichiens, polonais, etc. sympathisent avec le peuple en armes. Ils affirment être venus défier le fascisme sur un stade et que l'occasion leur fut donnée de le combattre tout court. Mais face aux troubles qui secouent le pays, les épreuves n'auront finalement pas lieu.

LE TRIOMPHE DE LA PROPAGANDE POLITIQUE

Goebbels, qui n'était pas initialement convaincu de l'intérêt d'organiser les Jeux, est en position d'artisan de la propagande nazie lors de l'olympiade. Il déclare : « La seule tâche des sports allemands est de renforcer le caractère des Allemands[2]. » Le sport tient en effet une place importante dans l'idéologie nazie. La promotion du mythe de la supériorité raciale allemande passe par les prouesses physiques et les exploits sportifs. Le culte du corps et de la performance est également mis en valeur à travers le lien revendiqué entre l'Allemagne nazie et la Grèce antique. La civilisation allemande supérieure se montre comme l'héritière légitime de la culture « aryenne » de l'Antiquité classique. La sculpture de l'époque idéalise la musculature développée et la force héroïque.

Dès avril 1933, une politique d'aryanisation est mise en œuvre dans toutes les organisations sportives allemandes. « Le sport allemand est fait pour les Aryens [...] ; la direction de la jeunesse allemande appartient tout entière aux Aryens et non pas aux Juifs[3]. » Les sportifs non aryens – juifs, demi-juifs ou tsiganes – en sont systématiquement exclus. L'association de boxe allemande expulse le champion amateur Erich Seelig en avril 1933 parce qu'il est juif, et Johann Rukelie Trollmann parce qu'il est tsigane. Un autre sportif juif reconnu, le tennisman Daniel Prenn, est exclu de l'équipe allemande de la Coupe Davis. Gretel Bergmann, sauteuse en hauteur de niveau mondial, est expulsée de son club en 1933 et de l'équipe olympique allemande en 1936. Hitler consacre une somme importante à l'organisation des Jeux (20 millions de marks), qu'il veut grandioses. Alors que la télévision vient juste d'apparaître en Allemagne, les nazis décident de diffuser les Jeux en direct. Les Jeux olympiques de 1936 sont donc les premiers à être retransmis dans une forme de spectacle télévisé. Ainsi, 25 grands écrans sont installés dans Berlin, permettant au public local d'assister aux Jeux gratuitement. Un immense complexe sportif (se voulant à l'image de la grandeur de l'Allemagne) est construit : 100 000 places, avec un virage entier réservé aux sections d'assaut (SA), troupes d'élite de l'armée nazie. Le village olympique de Döberitz est confortablement équipé. Les athlètes ont à leur disposition une salle de cinéma, de théâtre, de music-hall et une bibliothèque.

Devant faire face à une contestation croissante sur la scène internationale, Hitler souhaite que les Jeux lui servent de vitrine. Il s'agit de dissiper les craintes de la communauté internationale face à la montée du nazisme. L'enjeu est double pour l'Allemagne : faire bonne figure dans son image extérieure tout en favorisant la propagande en interne. Pour faire face aux critiques internationales et éviter des mesures de boycott, Hitler a exercé un lobbying énergique auprès du baron Pierre de Coubertin afin qu'il lui serve de « caution morale ». Coubertin s'est fait duper et a succombé aux ruses d'Hitler, croyant que celui-ci prenait fait et cause pour les valeurs de l'olympisme. Les Jeux ont, momentanément, servi la propagande d'Hitler qui s'est présenté comme un pacifiste afin de rassurer l'Europe et les États-Unis sur ses intentions.

La cérémonie d'ouverture inaugure le rituel du relais de la flamme olympique. Dans le stade pavoisé de multiples « svastikas », 49 délégations nationales défilent devant Hitler et les dignitaires nazis. Hitler entre au son de la marche d'hommage de Wagner, sous les saluts nazis des spectateurs. Alors que plusieurs délégations, dont la France, font le salut olympique, similaire au salut nazi, les athlètes américains préfèrent mettre la main sur le cœur. En ce mois d'août 1936, pendant la durée des épreuves, le régime nazi tente de camoufler la violence de sa politique raciste. La plupart des panneaux comportant des formules antisémites sont provisoirement enlevés et les journaux atténuent les messages agressifs. Il s'agit d'exploiter les Jeux olympiques pour fournir aux spectateurs et aux journalistes étrangers une fausse image d'une Allemagne pacifique et tolérante. C'est une opération « village Potemkine ». La plupart des touristes ne savent pas que le régime nazi a ordonné une rafle de Tsiganes à Berlin quelques semaines avant le début des Jeux. Comme mesure provisoire, les autorités nazies ordonnent également que les visiteurs étrangers ne soient pas passibles des poursuites pénales prévues par les lois anti-homosexuelles.

Par un geste symbolique visant à amadouer l'opinion internationale, les autorités allemandes autorisent l'escrimeuse demi-juive Hélène Mayer à représenter l'Allemagne lors de la compétition. Elle remporte une médaille d'argent et, comme les autres médaillés allemands, fait le salut nazi sur le podium. Autre signe d'apaisement : c'est un Juif, le capitaine Wolfgang Fürstner, qui a été désigné comme directeur du village olympique. Toutefois, deux jours après la clôture des Jeux, il se suicide en apprenant qu'il est radié de l'armée en raison de ses origines juives. Ainsi, l'hospitalité et l'organisation allemandes reçoivent les éloges des visiteurs. Selon le *New York Times*, ces Jeux ont ramené les Allemands « dans le concert des nations » et les ont même rendus « de nouveau plus humains ».

Les efforts de la propagande se poursuivirent d'ailleurs après les Jeux avec la sortie internationale en 1938 des *Dieux du stade*, documentaire controversé de la réalisatrice et sympathisante nazie Leni Riefenstahl. Ce film était une commande du régime nazi.

JESSE OWENS, LE TROUBLE-FÊTE

Mais l'athlète qui marqua les Jeux de Berlin et l'histoire de l'olympisme vint gâcher la fête d'Hitler et contrecarrer ses plans. Il s'agit de Jesse Owens, athlète noir américain âgé de 23 ans, qui remporta quatre titres olympiques en athlétisme, exploit longtemps inégalé. Son succès cadre mal avec une manifestation devant servir de propagande aux thèses sur la supériorité de la race blanche sur les Juifs et les Noirs.

C'est au terme d'un duel serré avec l'Allemand Lutz Long qu'Owens remporta sa deuxième médaille olympique (au saut en longueur). Il prit l'avantage lors de son dernier essai, mesuré à 8,06 mètres. Long félicita cordialement Owens à l'issue de l'épreuve. Ce geste de fraternité est une image forte. L'Allemand blond qui, aux Jeux de Berlin, enlace un athlète noir dans l'antre de la bête nazie, sous les yeux du Führer… Jesse Owens détruit à lui seul la théorie de la supériorité de la race aryenne. Après ces Jeux, Lutz Long connut une terrible disgrâce. Owens déclara : « Vous pouvez prendre toutes les médailles et les coupes que j'ai gagnées, elles ne vaudraient pas grand-chose comparées à l'amitié en 24 carats que j'ai éprouvée pour Lutz Long. » La légende retient qu'Hitler était tellement furieux après la victoire de Jesse Owens dans l'épreuve du 100 mètres qu'il quitta le stade pour ne pas avoir à saluer le vainqueur. Mais c'est en réalité à la demande du président du CIO, le comte Henri de Baillet-Latour, excédé après avoir vu la veille, le premier jour des épreuves, le Führer aller, en violation du protocole olympique, saluer personnellement les vainqueurs (dont l'Allemand Hans Woelke, médaille d'or du lancer de poids).

En 1984, quatre ans après sa mort, une rue de Berlin fut baptisée en l'honneur d'Owens. Lors de l'inauguration du nouveau stade olympique de Berlin en 1984, la veuve de Jesse Owens déclara que son mari avait été plus respecté par les autorités nazies que par les dirigeants de sa propre équipe nationale. En effet, le président Franklin Roosevelt, tout démocrate qu'il fût, craignant la réaction des États du Sud alors qu'il se représentait aux élections présidentielles, refusa d'avoir un entretien avec Jesse Owens à la Maison-Blanche. Le titre d'athlète de l'année 1936 fut par ailleurs attribué au champion olympique blanc du décathlon Glenn Morris, une décision révélatrice des mentalités ségrégationnistes de l'époque…

L'événement fut sur le moment moins remarqué que la médaille de Jesse Owens, mais la médaille d'or obtenue par le Coréen Sohn Kee Chong, alors que son pays était occupé de façon très répressive par le Japon, vint stimuler l'orgueil national coréen ainsi que les espoirs d'indépendance.

C'est donc avec la bénédiction plus au moins tacite des délégués olympiques que les JO de Berlin ont mis à mal l'apolitisme sportif prôné par le CIO. Malgré la prise de pouvoir d'Hitler en 1933 et les menaces de boycott, le Comité international olympique a maintenu sa décision prise en 1931. En choisissant de faire fi des considérations politiques dans le maintien des Jeux prévus à Berlin, le CIO a offert au régime nazi une belle occasion d'instrumentaliser la fête olympique. Le principe de l'apolitisme a donc été, paradoxalement, un moyen de faire triompher la propagande politique. Toutefois, ce projet a partiellement été déjoué par les talents de Jesse Owens. Pour certains, les Jeux ont obligé le régime à soigner son image et donc à marquer une pause dans la mise en œuvre de sa politique raciste.

Ceci ne peut être interprété comme un effet pacifique de l'olympisme, ce n'était rien d'autre que la cosmétique d'un régime qui a juste cherché à cacher son jeu[4].

En revanche, même si les moyens de communication étaient moins développés à l'époque, la tenue des Jeux à Berlin a suscité de nombreux commentaires et débats sur la nature du régime nazi. Hélas, pas suffisamment pour prendre en compte le danger qu'il faisait peser sur le monde.

Chapitre 8

De la Seconde Guerre mondiale à la guerre froide

Le Japon, entre guerre et olympiade

Lors de sa 35ᵉ session qui se tient à Berlin en 1936, le CIO désigne Tokyo pour l'organisation des JO de 1940. Pourtant, le Japon a envahi le nord de la Chine et y a créé l'État fantoche et non reconnu du Mandchoukouo en février 1932. En 1933, le Japon a quitté la SDN pour ne pas y être mis en cause pour sa politique étrangère agressive. Mais la volonté de développement mondial de l'olympisme conduit le CIO à fermer les yeux sur l'expansionnisme japonais, pourtant bien visible. L'ambition de voir les Jeux se dérouler en dehors du monde occidental l'a emporté. Le CIO, en décidant de maintenir les Jeux à Berlin et d'accorder les suivants à un pays peu respectueux des principes pacifistes, fait preuve soit d'aveuglement politique, soit de choix politiques volontaires contestables. En Asie orientale, les incidents se poursuivent et la guerre sino-japonaise reprend de façon encore plus violente en 1937, lorsque les communistes de Mao Tsé-toung et les nationalistes de Tchang Kaï-chek s'allient pour combattre l'invasion japonaise. Le CIO maintient son choix. Les membres du Comité olympique espèrent – ou font semblant de croire – que l'esprit de paix insufflé par l'olympiade aura raison du conflit entre le Japon et la Chine.

Les pressions se multiplient alors. Membre du CIO, le Chinois C.T. Wang conteste ce choix, tout comme les pays de l'Empire britannique participant aux Jeux qui prônent le boycott des JO de 1940 au Japon. L'Association britannique d'athlétisme prend la même décision. Le président du CIO, Avery Brundage, déclare : « Pourquoi les athlètes s'occupent-ils de politique ? N'ont-ils pas de ministère des Affaires étrangères pour cela[1] ? » Peut-être que certains athlètes veulent simplement une autre politique que celle choisie par le CIO.

Enlisé dans un conflit qui dure plus longtemps que prévu avec la Chine, le Japon renonce finalement à organiser les JO en juillet 1938. Le CIO accorde alors à Helsinki l'organisation des Jeux de la XIIe olympiade. Prévoyant, le Comité olympique avait envisagé un plan B en cas d'abandon du Japon et les Finlandais avaient proposé leurs services en mars 1938.

LA GUERRE PLUS FORTE QUE L'OLYMPISME

Le 30 novembre 1939, l'URSS envahit la Finlande sans lui avoir déclaré la guerre suite à un différend frontalier concernant l'isthme de Carélie. Le conflit, plus difficile que prévu pour les Soviétiques, ne prend fin qu'avec la signature du traité de Moscou le 12 mars 1940 : la Finlande doit céder une partie de son territoire. En effet, l'URSS en annexe 40 000 km^2, obligeant 11 % de la population à quitter les régions concernées. Pour la seconde fois depuis la rénovation des Jeux olympiques, la guerre a raison de l'olympisme.

Les membres du CIO décident néanmoins de fixer une nouvelle édition. Ils accordent l'organisation des JO de 1944 à Londres, lors d'une session qui se déroule du 6 au 9 juin 1939 dans la capitale britannique, soit deux mois avant le début de l'invasion allemande de l'Europe. Ces Jeux seront également impossibles à organiser du fait de la guerre.

Les Jeux olympiques reprennent leurs droits trois ans après la fin de la Seconde Guerre mondiale, en 1948 à Londres, fortement touchée par les bombardements allemands et toujours en reconstruction. Aucune installation sportive n'est construite pour ces Jeux. Les athlètes sont logés dans des écoles ou des baraques militaires[2]. Plusieurs voix s'élèvent en Grande-Bretagne pour dénoncer l'organisation de l'olympiade alors que le pays est en reconstruction et en situation de rationnement[3]. Le comité d'organisation demande aux délégations d'apporter de la nourriture et de s'entraider pour acheminer les athlètes. Le débat qui entoure l'organisation de ces Jeux trois ans après la fin de la guerre est symptomatique du débat ancestral sur les liens entre Jeux et nationalismes : certains voient ces Jeux comme affligeants car ils exaltent le nationalisme des pays participants alors que la guerre est tout juste terminée. D'autres pensent que les Jeux vont justement favoriser des sentiments d'amitié et de solidarité fortement bienvenus au regard du contexte géopolitique[4], et qu'ils sont l'un des signes du retour à une vie normale après les terribles épisodes de la Seconde Guerre mondiale.

Au total, 59 pays participent à ces Jeux de Londres, qui marquent la tentative du Mouvement olympique de faire oublier les malheurs de la guerre par le biais des activités sportives. L'Allemagne, vaincue et exsangue, n'est pas invitée par le CIO. Son avenir politique et même son existence sont par ailleurs incertains, les puissances occupantes ne s'étant pas mises d'accord. La demande de participation d'Israël, tout juste indépendant, est refusée car il n'est pas encore membre du CIO. Les États arabes, portés par l'Égypte, ont menacé de boycotter les Jeux si Israël participait sous son drapeau. Le comité olympique de Palestine, qui représentait les athlètes du territoire-mandat et arborait le drapeau britannique entre les deux guerres, est dissous après la partition officielle ordonnée par l'ONU en mai 1948. Israël sera accepté pour les Jeux de 1952 et la Palestine pour les Jeux de 1992, donc avant la signature des accords d'Oslo. Le Japon, quant à lui, refuse d'envoyer une délégation à Londres. Les pays de l'Europe de l'Est sont représentés, à l'exception de l'Union soviétique qui n'est pas encore affiliée au Mouvement olympique. Afin de marquer sa différence avec Moscou, la Yougoslavie de Tito, régime communiste mais qui a rompu avec l'URSS afin de conserver son indépendance nationale, décide de participer aux Jeux.

Au niveau sportif, les deuxièmes Jeux de Londres marquent la domination américaine sur les disciplines olympiques. Les États-Unis remportent 84 médailles, contre 44 pour le deuxième (la Suède).

HELSINKI 1952 : L'URSS REJOINT LE MOUVEMENT OLYMPIQUE

Les Jeux de 1952, tenus à Helsinki, marquent un tournant dans l'histoire de l'olympisme avec l'arrivée de l'URSS.

Le choix d'Helsinki comme ville hôte est stratégique. Contrairement à la Lituanie, l'Estonie et la Lettonie, la Finlande n'a pas été annexée par l'URSS. Les revers militaires qu'elle a fait subir à l'Armée rouge ont refroidi les ardeurs annexionnistes de Moscou.

Réaliste, la Finlande va choisir le statut de neutralité, mais une neutralité particulière. Elle aura un régime démocratique comme dans les pays occidentaux, mais sa diplomatie sera prosoviétique pour ne pas fâcher son puissant voisin. C'est ce qu'on appellera de façon parfois méprisante dans le monde occidental la « finlandisation ». Certes, à la différence des pays occidentaux, la Finlande est alors contrainte à des accommodements diplomatiques avec l'URSS. Du moins, contrairement aux pays de l'Est, elle a maintenu sa liberté démocratique.

Située entre les deux blocs, Helsinki favorise ainsi la participation de nombreux pays. Ces Jeux établissent deux records : celui du nombre de nations (69 contre 59 à Londres) et celui du nombre d'athlètes (4 955 contre 4 092).

Les Jeux d'Helsinki se déroulent alors que les tensions entre l'Est et l'Ouest sont à leur apogée. La Corée est déchirée par ce qui sera le conflit le plus coûteux en vies humaines de la guerre froide, qui est en cours. Suite au blocus de Berlin par l'URSS en 1948 et à son échec du fait du pont aérien américain, l'Allemagne s'est officiellement scindée en deux. Mao Tsé-toung a triomphé en Chine. Le communisme a le vent en poupe. L'URSS rejoint le CIO en 1951 et Staline envoie une importante délégation en Finlande. Ce choix représente un geste politique fort. Volonté de propagande ou d'apaisement ? Afin de limiter les risques de tensions et de fuite des athlètes, et à la demande de l'URSS, les organisateurs décident de séparer les délégations du camp soviétique de celles des États-Unis et des nations occidentales. Par conséquent, trois villages olympiques sont créés. Les hommes d'un côté, les femmes de l'autre et les Soviétiques, hommes et femmes, isolés au sein du village d'Otaniemi, au bord de la Baltique.

Depuis 1917 et la révolution bolchevique, l'URSS ne se mêle pas aux compétitions internationales. L'olympisme est considéré comme une pratique bourgeoise. La composition du CIO est marquée par l'aristocratie européenne, peu suspecte de sympathie pour le communisme. La pratique du sport est alors perçue comme un moyen de se maintenir en forme, le sport soviétique étant rattaché au ministère de la Santé. Il s'agit d'avoir des travailleurs et des soldats en pleine forme, pas de participer à des compétitions. Mais Staline et les dirigeants soviétiques changent leur position à la sortie de la guerre, alors que la rivalité avec les États-Unis ne cesse de s'accentuer. Le système sportif de l'URSS doit prouver aux yeux du monde qu'il est le plus performant, d'où la non-participation aux Jeux de Londres en 1948, jugés prématurés par Staline. Il préfère attendre l'édition suivante en Finlande, pays d'ailleurs plus sûr pour les Soviétiques. L'URSS entre dans le Mouvement olympique en 1951 car, selon elle, le terrain sportif devient un terrain de lutte des classes, entre travailleurs et bourgeoisie. Le CIO accepte la demande d'adhésion de l'URSS malgré certaines réserves liées au statut des athlètes soviétiques, dont certains sont professionnels, ce qui entre en contradiction avec l'esprit olympique. Les champions de l'Est sont en fait embauchés par l'armée ou la police, et peuvent s'entraîner à temps plein. À leur manière, ils défendent la patrie ! Cependant, la volonté d'expansion de l'olympisme l'emporte. Le CIO se veut un terrain de rencontre entre l'Est et l'Ouest. Vaste ambition géopolitique que d'être le point de contact de pays politiquement antagonistes qui menacent de se détruire mutuellement.

Dans un contexte de guerre froide, le mélodrame olympique – pourvu qu'il se termine par un happy end – constitue un excellent produit de propagande. Avec l'apparition de moyens de communication de masse dans les années 1950 (bandes d'actualité cinématographiques, image fixe, presse écrite, diffusion radio…), les exploits des champions sont largement diffusés et l'olympiade devient une arme évidente dans la compétition internationale pour défaire l'opposant idéologique. Les JO permettent de magnifier le champion soviétique. Ils permettent aussi de visualiser l'ennemi capitaliste et de s'opposer enfin directement à cet adversaire.

La compétition idéologique se projette donc dans les stades. On peut regretter que cela soit peu conforme aux idéaux olympiques. On peut se féliciter que cela permette de délimiter l'affrontement dans un cadre contenu, régulé, symbolique, et qui ne fait pas de morts.

L'opposition entre les deux blocs antagonistes prend tout son sens lorsque l'on analyse les différentes interprétations des victoires du Tchèque Emil Zátopek, trois fois médaille d'or et vainqueur du marathon. Les médias communistes le présentent comme le symbole de l'homme travailleur et héroïque, alors que les journalistes occidentaux le décrivent comme un pur produit de la mécanique stalinienne.

Mais le communiste Zátopek et l'ultra gaulliste français Mimoun, rivaux éternels sur la piste, tombent dans les bras l'un de l'autre après chaque course. Le sport permet aussi de dépasser des clivages politiques sur le plan humain. Il rend « l'autre » visible, et donc moins effrayant.

De plus, les empoignades entre les deux délégations se succèdent, notamment en basket-ball et en finale du 3 000 mètres steeple. Au tableau des médailles, les Américains remportent les Jeux avec 76 médailles, contre 71 pour l'URSS. En l'espace de quatre ans, l'olympisme, à l'image de l'ordre mondial, a basculé dans la guerre froide.

Compétition sportive et idéologique

Les Jeux olympiques sont un des enjeux de la guerre froide. L'olympisme sert de ciment idéologique. À Moscou, on célèbre l'« *Homo sovieticus* », courageux et dynamique. Les champions deviennent, à l'instar des cosmonautes, des acteurs de la mythologie socialiste.

Pour les États-Unis, l'esprit d'initiative et le goût de l'effort, valeurs américaines par excellence, s'incarnent dans l'idéal olympique. Ce sont des athlètes américains qui, en 1984 à Los Angeles, célébrèrent leur victoire en s'enroulant dans un drapeau national.

Il s'agit, grâce au décompte des médailles, de prouver la supériorité de son régime. Qui, du socialisme ou du capitalisme, permet les meilleures performances ? Quel est le meilleur système politique ? Les JO sont la continuation de la guerre froide par le biais d'autres moyens. Mais au final, l'affrontement sur les stades n'est-il pas préférable à celui sur les champs de bataille ?

Au moment où l'amateurisme est une condition de l'olympisme, chaque régime met en place un système qui permet de briller. On l'a vu, les champions soviétiques, militaires ou policiers, peuvent se consacrer à temps plein à leur préparation physique. De leur côté, les athlètes américains, très souvent étudiants, sont recrutés par les universités pour leurs résultats sportifs et non pour leur réussite aux examens.

Ces Jeux de 1952 à Helsinki sont donc les premiers pour l'Union soviétique. Les Américains en repartent avec 40 médailles d'or, les Soviétiques, 22. Moscou gagnera les deux olympiades suivantes (à Melbourne et à Rome). Washington se rattrapera à Tokyo, puis à Mexico.

À Munich, en 1972, c'est une double victoire communiste : l'URSS remporte 50 médailles d'or et l'Allemagne de l'Est bat l'Allemagne de l'Ouest par 20 médailles d'or à 13. À Séoul, en 1988, c'est le triomphe absolu : après l'URSS (55), la RDA arrive 2e (37), les États-Unis ne prenant que la 3e place (36).

On peut lire dans la *Pravda* au lendemain des Jeux de Munich : « Les grandes victoires de l'Union soviétique et des pays frères constituent la preuve éclatante que le socialisme est le système le mieux adapté à l'accomplissement physique et spirituel de l'homme. »

Les Américains ne sont pas en reste ; le président Gerald Ford déclare en 1974 : « Compte tenu de ce que représente le sport, un succès sportif peut servir une nation autant qu'une victoire militaire. »

Chapitre 9

Melbourne 1956, olympisme et crises internationales

Présente à chaque olympiade depuis l'origine, l'Australie est enfin récompensée en 1956, Melbourne étant désignée ville hôte de la XVIe olympiade de l'ère moderne par le CIO au cours de la 43e session, en avril 1949 à Rome. La ville australienne devance Buenos Aires d'une petite voix. L'Amérique du Sud, à une voix de la victoire en 1949, ne verra les Jeux que soixante-sept ans plus tard, à Rio de Janeiro en 2016. L'installation des dictatures populistes sur le continent et le recul économique de l'Argentine vont briser les rêves d'être désignée comme organisatrice des Jeux.

En raison d'une quarantaine très stricte interdisant quasiment aux chevaux d'entrer sur le territoire australien, les épreuves équestres ont lieu à Stockholm du 10 au 17 juin, rompant ainsi pour la première fois avec le principe fondamental de la *Charte olympique* de l'unicité du pays organisateur. Autre première, le village olympique devient mixte. En 1952, ce fut le cas du village olympique soviétique, comme nous l'avons vu. Le CIO a compris que la mixité jouait en faveur de l'image du Mouvement. Enfin, le nouveau président du CIO, l'Américain Avery Brundage (désigné en 1952), réussit ce que personne d'autre n'avait pu faire à l'époque : faire concourir les deux Allemagnes, RDA et RFA, dans une seule et même équipe. À partir de 1968 cependant, les deux délégations seront séparées.

La question des deux Chines

L'année 1956 est une année cruciale sur le plan géopolitique. Elle aura des répercussions sur les JO, qui par ailleurs sont tenus aux antipodes de l'Europe. Premier incident, la délégation de la République populaire de Chine quitte le territoire australien deux semaines avant les Jeux. Pékin, au nom du principe d'une seule Chine, ne peut accepter la participation de Taïwan, où se sont réfugiés les nationalistes de Tchang Kaï-chek lors de leur défaite de 1949. Furieux de voir l'île de Formose concourir sous le nom de République de Chine, Pékin choisit de boycotter le Mouvement olympique pour ne pas donner l'impression d'une reconnaissance indirecte de sa rivale. L'isolement olympique de la Chine correspond à son isolationnisme politique. Elle n'y retournera pas avant 1980 pour les Jeux d'hiver et 1984 pour ceux d'été.

Le « bain de sang » de Melbourne

Après le XXe Congrès du PCUS et la dénonciation par Khrouchtchev du « culte de la personnalité », une certaine ouverture a lieu en Europe de l'Est. En Hongrie, le réformateur communiste Imre Nagy forme un gouvernement. N'écoutant pas les conseils de prudence qui lui sont donnés par les autres dirigeants est-européens, qui ont conscience des limites à ne pas franchir, Nagy veut dépasser la simple déstalinisation. Le 1er novembre 1956, il dénonce le pacte de Varsovie et proclame la neutralité hongroise, croyant, en se fondant sur leurs déclarations, que les Occidentaux vont l'aider. Les Soviétiques interviennent brutalement et les insurgés sont écrasés en une semaine sans que ni les Américains ni l'OTAN n'interviennent.

Le 22 novembre, Nagy est arrêté par le KGB et déporté en Roumanie. Le même jour se tient la cérémonie d'ouverture des Jeux olympiques de Melbourne. Alors que l'arrivée des chars soviétiques résonne toujours à Budapest, c'est un silence de mort qui salue le défilé de la délégation de l'URSS. Quelques minutes avant, la Hongrie avait pour sa part reçu une immense et chaleureuse ovation…

En signe de protestation, les Pays-Bas, la Suisse et l'Espagne décident de ne pas envoyer de délégation en Australie. Avery Brundage, alors président du CIO, dénonce fermement ces prises de position politiques contraires à l'idéal olympique en déclarant : « Toutes les personnes civilisées sont frappées d'horreur devant le massacre sauvage en Hongrie mais ce n'est pas une raison pour détruire le noyau de la coopération internationale […]. Les Jeux olympiques sont des compétitions entre individus, non entre nations. » Cette déclaration est contraire à l'évidence. Ce sont les CNO qui sont invités, pas les athlètes individuellement. Les délégations sont nationales et le décompte officieux des médailles se fait par pays.

Le 6 décembre 1956, la demi-finale de water-polo qui oppose l'URSS à la Hongrie se déroule dans une ambiance délétère et violente. Suite à un coup de tête du Soviétique Valentin Prokopov sur le Hongrois Ervin Zador, une bagarre générale éclate. Plusieurs joueurs sont blessés dans cette piscine olympique rougie de sang et, devant l'agressivité d'un public ayant pris fait et cause pour les Hongrois, la police australienne se trouve dans l'obligation d'intervenir afin d'éviter le lynchage de l'équipe soviétique par les spectateurs. La Hongrie est déclarée vainqueur. En finale, les Magyars remportent leur second titre consécutif, l'URSS enlevant pour sa part la petite finale, opposant les vaincus des demi-finales.

À la fin des JO, sur les 112 membres de l'équipe hongroise, seuls 44 rentrent en Hongrie. C'est le début de la défection des athlètes de l'Est, encouragée par les États-Unis qui voient là, au nom de la liberté, un moyen de propagande[1]. En 1958, Nagy est exécuté par pendaison dans la prison de Budapest.

LES CONSÉQUENCES DE LA CRISE DE SUEZ

En novembre 1956, les troupes franco-britanniques, avec l'aide des Israéliens, occupent le canal de Suez qui vient d'être nationalisé par le raïs égyptien Nasser. Concernant les Jeux, cette guerre de Suez motive l'absence de l'Égypte, de l'Irak et du Liban ; ces pays contestent la présence d'Israël qui participe par ailleurs à sa deuxième olympiade. L'intervention franco-britannique, qui va s'achever sur un fiasco diplomatique pour Paris et Londres après l'engagement de l'URSS aux côtés de l'Égypte, est vue comme une tentative néocoloniale de briser les aspirations d'indépendance des pays du Sud.

Malgré les tensions qui s'accumulent, liées au contexte de guerre froide, le président du CIO Avery Brundage maintient sa position d'affirmation d'apolitisme. Il répète toujours que les JO sont une compétition entre individus et non pas entre États. Le CIO, pour donner un semblant de crédibilité à cette thèse, décide de changer la cérémonie de clôture. Auparavant, les délégations défilaient derrière les drapeaux. Désormais, les athlètes arrivent tous ensemble, sans les couleurs nationales, et s'amassent au centre du stade dans un esprit de fraternité internationale.

Chapitre 10

Les Jeux olympiques et la décolonisation

Le rôle du sport dans la « mission civilisatrice » des colonisateurs

L'organisation des loisirs est un moyen de contrôler la population. Le quotidien belge *La Dernière Heure* évoque en juin 1953 la « nécessité de bonnes distractions » afin de trouver une solution à l'ennui des masses congolaises. Le sport permet de servir la propagande des autorités coloniales. Les rencontres sportives entre clubs belges et congolais doivent « prouver l'existence d'une réelle communauté belgo-congolaise ».

En 1930, Pierre de Coubertin présente un « Projet de colonisation sportive ». Selon le baron français, le sport joue un rôle « intelligent et efficace » auprès des Africains, c'est un instrument de « disciplinisation des indigènes » : « En somme, le sport ne doit pas être un instrument de gouvernement en matière de colonisation, mais une institution à côté, très propre à rendre d'éminents services[1]. » Mais son programme échoue à cause des échecs répétés des premiers Jeux africains[2].

Le baron de Coubertin partage tout simplement les préjugés de son temps et de sa classe. « La théorie de l'égalité des droits pour toutes les races humaines conduit à une ligne politique contraire à tout progrès colonial. [...] La race supérieure a parfaitement raison de refuser à la race inférieure certains privilèges de la vie civilisée[3]. »

LE SPORT COMME INSTRUMENT D'ÉMANCIPATION POUR LE COLONISÉ

Les rencontres interraciales qui se déroulent entre le pays colonisé et le colonisateur ont, dans les années 1950, des conséquences politiques majeures : la supériorité des Blancs, qui légitimait la domination coloniale, se trouve contestée par les formidables progrès du sport africain. La politique sportive du colonisateur s'est retournée contre lui, comme le craignait Coubertin : « Une victoire de la race dominée sur la race dominatrice peut prendre une portée dangereuse et risquer d'être exploitée par l'opinion publique comme un encouragement à la rébellion[4]. »

Le sport cristallise ainsi les velléités d'indépendance en devenant un des vecteurs de l'identité nationale. Pour Hélène d'Almeida Topor, « plus qu'en toute autre occasion, la fierté nationale s'est souvent exprimée en Afrique lors de rencontres sportives[5] ». Les Congolais ou le FLN algérien se sont ainsi dotés d'une équipe de football avant même d'avoir un État. Ainsi, ils pouvaient hisser leur drapeau avant que leur État soit reconnu.

L'accession au Mouvement olympique permet de faire reconnaître diplomatiquement son État. Pour ces nouveaux pays, l'accession au CIO est un prélude de la reconnaissance. Le Cameroun s'est par exemple empressé de constituer un CNO reconnu par le CIO avant même d'avoir acquis son indépendance[6] !

Les jeunes États issus de la décolonisation et le Mouvement olympique avaient des intérêts réciproques. La décolonisation a eu pour effet d'augmenter le nombre d'États participant aux Jeux olympiques, accroissant ainsi la visibilité et l'intérêt de ces derniers. Initialement colonialiste, le CIO a pris le virage de la décolonisation en y contribuant à sa manière.

Pour les jeunes États, la participation aux JO accroît leur légitimité populaire. C'est l'occasion de montrer le drapeau, de chanter l'hymne national et de fédérer les populations. C'est obtenir une reconnaissance internationale. L'adhésion au CIO semble même faire partie du « kit » de l'indépendance nationale, avec l'admission à l'ONU.

Après avoir été introduit par le colonisateur puis être devenu un des facteurs de l'indépendance, le sport permet aux autorités postcoloniales de faire l'union de la nation autour de leur pouvoir. Un cas symbolique est l'exemple de l'équipe de football du Ghana (les « Black Stars »), porte-drapeau du mouvement panafricain emmené par le Premier ministre puis président ghanéen Kwame Nkrumah.

Certaines mythologies de l'olympisme africain jouent un rôle dans la construction des identités nationales. L'exemple d'Abebe Bikila, héros des JO de Rome 1960, est typique : il donne à l'Afrique noire sa première médaille d'or. Le soldat de la garde impériale éthiopienne remporte le marathon pieds nus, à la tombée de la nuit, dans les vestiges de la Rome antique, dans le pays qui a colonisé le sien dans les années 1930.

Le digne successeur d'Abebe Bikila semble être son compatriote éthiopien Hailé Gébrésélassié, surnommé « le Négus des stades olympiques », médaillé d'or aux JO d'Atlanta de 1996, vingt-cinq fois recordman du monde au 10 000 mètres et sujet du film *Endurance* (1999) qui raconte sa quête pour la médaille d'or aux JO d'Atlanta. Il est considéré par beaucoup comme le plus grand coureur de fond de tous les temps.

S'il n'a pas remporté de médaille, le Tanzanien John Stephen Akhwari devient lui aussi mondialement célèbre après avoir fini le marathon à la dernière place à Mexico en 1968 malgré son genou déboîté. En effet, l'athlète natif de Mbulu se blesse grièvement pendant la course mais refuse d'abandonner. Il franchira la ligne d'arrivée en boitant, une heure après les derniers marathoniens. Interrogé dès la fin de la course sur son courage et sa détermination, il répondra : « Mon pays ne m'a pas envoyé à 10 000 kilomètres de chez moi pour prendre le départ d'une course, mais pour la finir. »

Le Marocain Saïd Aouita, surnommé dans son pays « l'Homme aux cinq médailles », est le premier à être passé en dessous de la barre des 13 minutes pour le 5 000 mètres. Il remporte la médaille d'or dans cette discipline aux JO de Los Angeles, en 1984. Il reçoit le trophée d'athlétisme le plus prestigieux, le « Jesse-Owens », en 1985, et est accueilli en triomphe au Maroc où un train est même nommé en son honneur : le train à grande vitesse Aouita qui relie Casablanca à Rabat.

Nawal El Moutawakel est quant à elle la première femme arabe, africaine et musulmane à avoir remporté une médaille d'or aux JO (Los Angeles 1984), pulvérisant en même temps le record d'Afrique du 400 mètres haies. La Mozambicaine Maria de Lurdes Mutola participe aussi à la construction nationale. Véritable « self made woman », sa première participation aux JO remonte à l'édition de Séoul, en 1988, à l'âge de 15 ans ! En 2000, elle remporte enfin une médaille d'or et devient une légende nationale.

LE BOYCOTT DE 1976 : LE SPORT COMME MOYEN D'AFFIRMER LA VOLONTÉ DES PAYS AFRICAINS

Les Jeux de Montréal de 1976 sont boycottés par 26 nations africaines et l'Irak. Elles protestent contre la présence aux Jeux olympiques de la Nouvelle-Zélande, accusée d'avoir envoyé son équipe de rugby en tournée en Afrique du Sud, pays banni du Mouvement olympique pour sa pratique de la politique d'apartheid. Pour ces pays, la tournée néo-zélandaise en Afrique du Sud légitime le régime ségrégationniste qui viole les droits de l'homme à répétition. Il faut donc désavouer la Nouvelle-Zélande ainsi que le Mouvement olympique qui n'a pas protesté contre la tournée néo-zélandaise en Afrique du Sud.

Imposant leur agenda politique aux autres pays du Mouvement olympique, 22 pays africains décident de quitter Montréal quelques heures seulement avant le début de la cérémonie d'ouverture. Le Sénégal et la Côte d'Ivoire ne s'alignent pas avec ces pays, tout comme l'Égypte, le Cameroun, le Maroc et la Tunisie, mais ces derniers quittent néanmoins les JO quelques jours après leur ouverture.

Pour de nombreux pays du Sud, la participation aux JO est une manière de briller sur le plan international, de se mesurer avec les grandes puissances à armes moins inégales que dans la compétition stratégique ou économique.

Chapitre 11

Rome 1960 et Tokyo 1964, pardon aux ennemis et ouverture à l'Asie

Après une longue attente, les villes de Rome en 1960 puis de Tokyo quatre ans plus tard sont enfin admises à recevoir et à organiser les Jeux olympiques. Initialement choisie pour accueillir les Jeux de 1908, la capitale italienne n'a pas été en mesure d'assurer l'événement à cause d'une éruption dévastatrice du Vésuve. Quant à Tokyo, l'olympiade de 1940 qui y était prévue a été annulée à cause du déclenchement de la Seconde Guerre mondiale. Au contraire des éditions 1952 et 1956, ces deux rendez-vous olympiques sont considérés comme des réussites et traduisent la détente qui est à l'œuvre à l'époque entre les deux grands. Ils permettent de normaliser les relations avec des ennemis de la Seconde Guerre mondiale.

Les Jeux de la XVIIe olympiade se déroulent dans des cadres antiques et majestueux de la capitale italienne. Ces JO furent les premiers à être retransmis en direct à la télévision, désormais présente dans de nombreux foyers, ce qui leur a permis de toucher un public beaucoup plus large, sur tous les continents. C'est un élément essentiel de la mondialisation des Jeux.

Au niveau politique, la Chine a quitté officiellement le Mouvement olympique en 1958 et laisse donc Taïwan seule aux JO. Celle-ci se voit néanmoins obligée de modifier son appellation de « République de Chine » en « Formose ». Après la menace d'un boycott, la Chine nationaliste envoie finalement une équipe à Rome. Mais lors de la cérémonie d'ouverture, alors que les athlètes défilent sous la pancarte « Formose », le chef de délégation sort une grande pancarte sur laquelle est écrit « UNDER PROTEST ». Pour la première fois dans l'histoire des Jeux, une délégation profite du défilé pour faire ouvertement une revendication politique.

La délégation sud-africaine, uniquement composée d'athlètes blancs, fait polémique. Le CIO et son président Avery Brundage, dûment informés par l'Association sportive sud-africaine des discriminations exercées à l'encontre des athlètes noirs, laissent faire. À noter que, dans la foulée des JO, Rome accueille les premiers véritables Jeux paralympiques.

LA DÉBÂCLE FRANÇAISE

Depuis sa création, le rendez-vous olympique est le théâtre d'une lutte symbolique entre les États qui comptent et comparent le nombre de médailles gagnées. Cette compétition se renforce après 1945, dans le cadre de la guerre froide. Mais en 1960, la France ne parvient pas à faire figure honorable, elle ne se classe que 25e en ne ramenant que 5 médailles, dont aucune en or, loin derrière les 103 médailles rapportées par l'URSS ! Cela tombe très mal, deux ans après l'arrivée au pouvoir du général de Gaulle qui entend incarner une France revigorée et de nouveau puissante sur la scène internationale.

Pourtant, l'État avait pris à cœur cette compétition. Le gouvernement avait chargé l'armée de la formation des athlètes français. Elle devait préparer l'élite sportive pour Rome. Ainsi, avant les Jeux olympiques, les jeunes sportifs de haut niveau avaient passé plusieurs mois au bataillon de Joinville, ancien centre sportif des forces armées. Cette déroute anéantit les efforts et les espoirs consentis, et ces piètres résultats valent une colère mémorable du général de Gaulle à l'encontre des athlètes français. Il évoque la honte, pour un pays comme la France, de ne pas se montrer digne de son statut international et de faire déshonneur à la mémoire du baron de Coubertin, qui était le fondateur des Jeux olympiques modernes mais aussi un Français[1].

Le lendemain de la cérémonie de clôture, un célèbre dessin du caricaturiste Jacques Faizant paru dans *Le Figaro* le 1er septembre 1960 illustre l'esprit du pouvoir de l'époque. Le général de Gaulle est habillé d'un survêtement estampillé « France », il porte des baskets et un sac de sport et dit : « Dans ce pays, si je ne fais pas tout moi-même ! »

Ce revers est ressenti comme la conséquence directe de l'implication insuffisante de l'État dans le domaine sportif. Le général de Gaulle, avec son ministre des Sports Maurice Herzog, développe une politique sportive en vue des JO de Tokyo de 1964 : « Si la France brille à l'étranger par ses penseurs, ses savants, ses artistes, elle doit aussi rayonner par ses sportifs. Un pays doit être grand par la qualité de sa jeunesse et on ne saurait concevoir cette jeunesse sans un idéal sportif[2]. »

Le général de Gaulle a suivi ce raisonnement. Il n'avait pas d'engouement particulier pour le sport, mais il avait compris que cela comptait pour l'image de la France. Le sport était pour lui également le vecteur d'« une certaine idée de la France ».

TOKYO 1964, L'ÉMERGENCE DU JAPON

Pour la première fois, l'olympisme se pose en Orient et en Asie. Grand succès populaire (2 millions de billets vendus), les Jeux de la XVIIIe olympiade sont l'occasion pour le

Japon de prouver aux yeux du monde que le pays a su se relever de la guerre. Les Nippons investissent d'énormes capitaux dans la construction d'installations sportives ultramodernes. Le Japon est devenu un pays moderne et pacifique et entend le faire savoir au monde entier. Les Jeux lui procurent une magnifique occasion de le faire en permettant aux Japonais d'avoir le moyen de rayonner internationalement, d'être fiers de leur nation de façon pacifique et amicale envers les autres.

Le processus de mondialisation des JO s'accentue : une nouvelle étape est franchie en termes audiovisuels avec la couverture satellitaire mondiale des Jeux, grâce au premier satellite géostationnaire de télécommunications Syncom 3. De plus, la présence africaine aux Jeux s'étoffe avec de nombreux pays nouvellement décolonisés, rendant l'olympiade plus universelle. Ce sont 93 délégations qui défilent à Tokyo.

Avant les Jeux, le CIO décide d'expulser l'Afrique du Sud en raison de sa politique d'apartheid. Elle ne réintégrera les Jeux qu'en 1992, à Barcelone.

LES JEUX DU TIERS-MONDE

En 1963, la Chine et l'Indonésie (elle aussi en rupture avec le CIO) ont organisé les premiers GANEFO, Jeux des Nouvelles Forces émergentes, à destination des pays du tiers-monde, essentiellement des pays communistes. Les nouvelles nations décolonisées sont prioritairement ciblées par Soekarno, le dirigeant indonésien qui venait d'orga-niser la conférence dite des « non-alignés » à Bandung (1955) et avait l'ambition de faire de son pays un géant du tiers-monde, n'étant pas sous la coupe des Occidentaux[3] et ayant des relations décontractées avec l'URSS. Pour Pékin qui, quelques années après sa rupture avec Moscou, se retrouve isolée sur le plan diplomatique, c'est l'occasion de se montrer sur la scène internationale de façon autonome. 2 000 sportifs et les délégués de 48 pays d'Afrique, d'Asie et d'Amérique latine se réunissent à Djakarta. L'URSS hésite avant de finalement envoyer des athlètes afin de ne pas laisser la Chine dominer l'événement. La rupture entre les deux géants communistes a eu lieu deux ans plus tôt sur la base de rivalités nationales et non idéologiques. Il s'agit d'être présent pour courtiser les pays progressistes du tiers-monde.

En marge des Jeux, la charte des GANEFO est adoptée, une organisation permanente est fondée et le lieu des deuxièmes Jeux est fixé (Le Caire)[4]. Ces Jeux alternatifs représentent un vrai danger pour l'olympisme. Avery Brundage, président du CIO, pensait que l'exclusion de l'Afrique du Sud jouait en défaveur de l'olympisme et allait d'autant plus pousser les jeunes nations africaines à préférer les GANEFO : « [...] L'Afrique est aujourd'hui le sujet d'appétits politiques conflictuels, ils connaissent très peu les principes olympiques et sont particulièrement sensibles. L'incohérence originaire du fait qu'ils invitent une fédération (Afrique du Sud) que l'on a refusé d'inviter à Tokyo a déjà entaché notre image et cela va probablement les pousser encore plus dans les bras accueillants de la foule des GANEFO si on ne fait pas preuve de plus de prudence[5]. » Mais finalement, l'Égypte ne pourra accueillir les deuxièmes GANEFO, et ceux-ci sont délocalisés et scindés en deux tournois : un tour qualificatif à Pyongyang en Corée du Nord en août 1965, puis les épreuves finales en décembre 1965 à Phnom Penh (Cambodge). Cette deuxième et dernière édition ne réunit que des pays asiatiques, les nations africaines étant quant à elles mobilisées par les premiers Jeux africains la même année à Brazzaville (République du Congo). À la différence des GANEFO, les Jeux africains, qui ont une base régionale et non politique, sont reconnus par le CIO, qui reconnaît également les Jeux asiatiques (créés en 1951) et les Jeux panaméricains (créés en 1940).

En conséquence, les athlètes participant aux GANEFO risquaient une sanction, mais le CIO adopte finalement une position conciliante et propose tout de même à l'Indonésie de participer aux Jeux olympiques de Tokyo. Indonésiens et Nord-Coréens déclinent l'invitation. La République populaire de Chine, elle aussi absente lors des Jeux, choisit d'effectuer son premier essai nucléaire pendant l'olympiade ; l'entrée de la Chine dans le club nucléaire est fracassante, mais procéder à cette explosion alors que la communauté internationale est réunie dans le pays voisin est un message d'autant plus fort, surtout lorsque le dernier porteur de la flamme olympique, Yoshinori Sakaï, est un citoyen japonais et non un sportif, né à Hiroshima le 6 août 1945, jour de l'explosion de la première bombe atomique…

Alors que la tension entre l'olympisme et les pays communistes du tiers-monde est à son comble, c'est au tour d'un pays du Sud d'accueillir les Jeux quatre ans plus tard.

Chapitre 12

Mexico 1968, sang versé et poings levés

Le 18 octobre 1963, au cours de la 60ᵉ session du CIO, Mexico est désignée ville d'accueil des JO de 1968. Ce choix s'explique par le fait que le Mexique est encore un pays en voie de développement mais qui connaît dans les années 1960 une période de forte croissance économique. Le terme de « pays émergent » n'existe pas encore, mais le Mexique semble décoller économiquement. C'était donc pour le CIO une façon d'être novateur en attribuant les Jeux à un pays – géant et prometteur – du tiers-monde. Le pays mène alors une politique extérieure ambitieuse, se voulant un pays phare du tiers-monde et du mouvement des pays non-alignés, qui veut échapper aux choix binaires Est/Ouest. Il est proche des États-Unis, tout en gardant des distances politiques que la géographie ne lui a pas données (« Pauvre Mexique, si loin de Dieu, si près des États-Unis », selon un dicton célèbre au Mexique). Il a des relations correctes avec l'URSS. Ces Jeux permettent aussi de dissiper les stéréotypes d'un peuple indolent et faible économiquement.

Le CIO veut que cette édition des JO soit symbolique d'une forme de renouveau du Mouvement olympique et de ses valeurs : pour la première fois, c'est une femme (la championne mexicaine du 400 mètres Enriqueta Basilio de Sotelo) qui allume la flamme olympique, pour la première fois, c'est à un pays du « Sud » qu'on attribue l'organisation des Jeux.

L'attribution à la ville de Mexico semble également être plus qu'un acte de générosité de la part du CIO : l'altitude de la ville, située à 2 250 mètres au-dessus du niveau de la mer, permettrait, selon les observateurs de l'époque, de réaliser des performances sportives exceptionnelles : en effet, les records du monde masculins du 100 mètres, du 200 mètres et du 400 mètres en athlétisme sont battus. À noter également l'incroyable performance de Bob Beamon au saut en longueur (il bat le record de son prédécesseur de plus de 55 centimètres, et restera recordman de la discipline pendant plus de vingt-deux ans).

LE CONTEXTE MEXICAIN

En 1968, le PRI (Partido revolucionario institucional) domine la vie politique mexicaine. Le régime présidentiel fort met en valeur la personnalité du chef de l'État Gustavo Díaz Ordaz (1964-1970), dirigeant autoritaire et représentant de l'aile droite dure du PRI.

Déjà, en 1965, un conflit avait opposé pendant un an les internes des hôpitaux, réclamant des meilleures conditions de travail, aux autorités politiques. Intransigeantes, ces dernières avaient envoyé l'armée pour rétablir l'ordre de façon musclée.

Alors que, dans les universités mexicaines, la population étudiante augmente chaque année de 6 %, le budget consacré à l'éducation et l'effort de l'État dans le domaine diminuent. Les étudiants de l'UNAM (Universidad nacional autonoma de Mexico), courant 1968, grondent et transmettent une pétition en six points au gouvernement afin de lui signaler les inquiétudes grandissantes des jeunes dans le domaine éducatif.

L'année 1968 est riche en événements : le pasteur Martin Luther King est assassiné le 4 avril et Bob Kennedy le 6 juin. Le 20 août, les chars soviétiques pénètrent dans la capitale tchécoslovaque pour mettre fin au printemps de Prague et à la tentative de créer « un socialisme à visage humain ». Par ailleurs, la guerre du Vietnam fait rage pendant qu'un conflit au Nigeria provoque un véritable génocide dans la région du Biafra. Parallèlement, des contestations sociales sont entendues dans une grande partie du monde occidental, notamment en France où le mouvement est appelé « Mai 68 ».

Les protestations gagnent le Mexique alors que le pays s'apprête à accueillir les Jeux. L'élément déclencheur est l'exaspération des étudiants devant la brutalité de la police lorsque celle-ci intervient le 30 juin 1968 pour casser une grève d'étudiants : elle détruit, d'une salve de bazooka, le célèbre portail baroque d'un bâtiment de l'UNAM derrière lequel se réfugiaient les étudiants. Ces derniers, influencés par les mouvements étudiants de Californie, d'Allemagne et de France – on retrouve à Mexico les fameuses banderoles « *Il est interdit d'interdire* » –, décident de descendre en masse dans les rues pour dénoncer l'autoritarisme du gouvernement de Gustavo Díaz Ordaz et les carences du système éducatif mexicain. Les principales manifestations ont lieu entre le 13 et le 27 août à Mexico. On parle de 300 000 étudiants dans les rues de la capitale, portant des banderoles traduisant le dégoût et le rejet du régime politique et de ses représentants. Cependant, le gouvernement ne cède pas et, refusant toute négociation avec le mouvement étudiant, il envoie l'armée à plusieurs reprises, allant même jusqu'à lui ordonner d'occuper les locaux de la cité universitaire de l'UNAM.

Le massacre de la place des Trois-Cultures

Pour les autorités mexicaines, il est impératif d'éteindre les revendications étudiantes avant le début des JO afin de montrer au monde l'image d'un Mexique harmonieux et en paix sociale – y compris en utilisant la force la plus brutale. Le gouvernement de Gustavo Díaz Ordaz va imposer la *Pax olympica* dans le sang. Le 2 octobre, dix jours avant la cérémonie d'ouverture des Jeux, a lieu le massacre de la place des Trois-Cultures (carrefour des civilisations précolombienne, hispanique et moderne) à Tlatelolco, un quartier de Mexico. C'est là que, vers 18 heures, 300 000 étudiants se sont réunis et s'apprêtent à se diriger vers l'Institut national polytechnique en criant : « Nous ne voulons pas des olympiades, nous voulons la révolution ! » L'armée ouvre alors le feu dans la foule pacifique. Selon des observateurs indépendants, la fusillade de l'armée – 5 000 hommes, 300 chars et 1 hélicoptère sont mobilisés – fait 325 morts dans la foule étudiante et plus de 500 blessés graves. Plus de 2 000 étudiants sont arrêtés et emmenés par l'armée.

Selon Claude Kiejman, correspondante du journal *Le Monde* à Mexico pendant le drame, le feu nourri et le crépitement des mitraillettes ont transformé la place en enfer. « C'est la première fois de ma longue carrière que je vois des soldats tirer sur une foule acculée et sans défense », s'insurge quant à elle la journaliste italienne Oriana Fallaci. Ironiquement, certains ont mis en cause la responsabilité du bataillon Olympia, corps d'élite créé par le gouvernement de Díaz spécialement pour assurer la sécurité pendant les JO, dans le massacre de Tlatelolco.

Étrangement, il y a très peu de débats sur la participation ou le boycott des Jeux. Seul Konstantin Andrianov, président du CNO de l'URSS et vice-président du CIO, menace de boycotter les JO de Mexico, mais seulement si l'Afrique du Sud y participe. Cette menace ne constitue donc en aucun cas un message d'avertissement au gouvernement mexicain quant à la politique répressive et sanglante qu'il poursuit. Il faut ménager ce grand pays leader du mouvement des « non-alignés » qu'est le Mexique. Mexico ayant par ailleurs dénoncé un complot castriste, les États-Unis se gardent bien de protester.

Quant au président du CIO de l'époque, Avery Brundage, il ne remet absolument pas en cause le déroulement des Jeux à la lumière de la répression de l'armée. Il s'agit selon lui « d'une affaire de politique intérieure » et il prend même le parti du gouvernement mexicain en déclarant quelques jours avant le début des JO : « Les Jeux de la XIXe olympiade, cet amical rassemblement de la jeunesse du monde dans une compétition fraternelle, se poursuivront comme prévu. S'il y a des manifestations sur les sites olympiques, les compétitions seront annulées. »

Même au Mexique, le massacre de la place des Trois-Cultures est largement minimisé dans les médias, ce qui ne facilite pas une prise de conscience internationale de la réalité du massacre. La désinformation d'une presse muselée par le pouvoir est totale à une époque où les moyens d'information et de contre-information sont moins développés.

LES POINGS LEVÉS DE TOMMIE SMITH ET JOHN CARLOS

Ouverts sous la protection de l'armée suite au massacre, les Jeux de Mexico se poursuivent par des gestes de protestation exécutés contre la ségrégation raciale en vigueur aux États-Unis. Ces Jeux d'été offrent en effet une tribune aux athlètes américains sympathisants des Black Panthers, mouvement afro-américain formé en 1966. Au moment de l'hymne américain, les sprinters noirs américains Tommie Smith et John Carlos, respectivement premier et troisième sur le podium olympique après le 200 mètres, baissent les yeux et lèvent leurs poings gantés de noir à la façon des manifestants du « Black Power », ce mouvement américain noir de protestation antiségrégationniste. Les athlètes violent ainsi la *Charte olympique* et attirent l'attention du monde entier sur les injustices dont sont victimes les Noirs aux États-Unis. Le deuxième, l'Australien Peter Norman, par solidarité, accroche lui aussi sur sa poitrine le macaron portant l'inscription « *Olympic Project for Human Rights* » – ces macarons ont sans doute été empruntés à des spectateurs qui étaient, semble-t-il, autorisés à les porter).

Ce geste est déclaré scandaleux par le Comité international olympique, le même qui était resté silencieux face aux massacres de Tlatelolco. Smith et Carlos sont suspendus, se voient retirer leurs titres olympiques et sont expulsés des Jeux à vie. Il n'empêche. Le message est passé et aujourd'hui encore, leur geste est connu de tous. Peter Norman est lui aussi sanctionné, mais de manière plus indirecte. Alors que ses performances le qualifiaient pour les Jeux olympiques de Munich de 1972, il aurait été délibérément écarté de la sélection australienne.

Les deux contestataires sont ostracisés par les instances sportives américaines et largement critiqués aux États-Unis. Le *Time Magazine* du 28 octobre 1968 présente le logo des JO, les cinq anneaux olympiques, avec la devise « *Angrier, nastier, uglier* », au lieu de « *Faster, higher, stronger* »[1]. Privés à vie des Jeux olympiques par Avery Brundage, Tommie Smith et John Carlos se tournent alors vers le football américain, mais l'expérience tourne court, notamment à cause de blessures et de menaces de mort à l'encontre de Smith.

En 1978, avec l'évolution des mentalités, Tommie Smith entre au Hall of Fame des athlètes américains. En 1995, il entre cette fois au Hall of Fame afro-américain de Californie du sport alors qu'il entraîne l'équipe olympique américaine pour les championnats du monde d'athlétisme de Barcelone. Ce n'est qu'en 2003 que John Carlos entre lui au National Track & Field Hall of Fame. En août 1999, la chaîne américaine HBO donne la parole aux deux hommes qui peuvent enfin livrer leur version de l'histoire grâce au documentaire *Fists of Freedom: the Story of the '68 Summer Games*[2].

En 2005, une statue de 7 mètres de hauteur est érigée en présence des deux athlètes sur le campus de San Jose State University. L'œuvre immortalise le geste militant du podium de Mexico. La deuxième place du podium, celle de Peter Norman, est laissée vacante afin que chacun puisse s'engager aux côtés de Tommie Smith et John Carlos.

Avant le début des Jeux de Mexico, John Carlos avait déclaré que les athlètes noirs d'Amérique ne boycotteraient ni ne saboteraient les Jeux, mais qu'ils réaffirmeraient leur position contre l'injustice envers les Noirs. Après son geste, il déclare aux journalistes : « Après ma victoire, l'Amérique blanche dira que je suis Américain, mais si je n'avais pas été bon, elle m'aurait traité de Noir. […] Nous sommes des sortes de chevaux d'exhibition pour les Blancs. Ils ne nous donnent pratiquement rien, nous tapent sur le dos en disant : "Garçon, c'est bien."[3] »

Smith et Carlos sont revenus comme des bannis aux États-Unis. Il a fallu attendre pour qu'ils soient réhabilités.

Cependant, leur geste est resté dans les mémoires. Ils ont été disqualifiés comme champions olympiques, ils sont rentrés dans l'Histoire comme champions de la cause des droits de l'homme.

En 2000, Peter Norman était le seul olympien australien à être exclu du tour d'honneur VIP des Jeux de Sydney, en dépit de son statut et de son histoire. Mais l'équipe américaine d'athlétisme a corrigé le tir en invitant Norman à se loger avec ses athlètes pendant les Jeux. Lors de son enterrement en 2006 à Melbourne, Tommie Smith et John Carlos sont venus porter son cercueil.

Après le geste de Smith et Carlos, les athlètes américains Lee Evans, Larry James et Ronald Freeman, qui ont réalisé un triplé américain sur 400 mètres, montent sur le podium avec un béret noir vissé sur le crâne pour dénoncer également le racisme dans leur pays. Ces gestes restent comme les symboles de l'utilisation par les athlètes de la tribune olympique qui, grâce à la diffusion satellitaire mondiale et en direct, prend une nouvelle dimension médiatique au cours des années 1960.

Ces Jeux sont également la première édition olympique où un athlète est banni pour dopage. Le Suédois Hans-Gunnar Liljenwall est exclu de la compétition du pentathlon moderne après avoir été contrôlé positif... à l'alcool.

Munich 1972, les Jeux ensanglantés

Première olympiade à se tenir sur le sol allemand depuis les Jeux de 1936 à Berlin, les JO de Munich se devaient symboliques pour une nouvelle Allemagne (occidentale) pacifique et démocratique, réintégrée dans l'ordre mondial. Censés effacer le triste souvenir laissé par Hitler en 1936, les JO de 1972 ont viré au drame suite à un attentat sans précédent qui visa des sportifs israéliens, le onzième jour des Jeux. Après les États et les athlètes, ce sont désormais les terroristes qui profitent de la couverture médiatique des Jeux. Le mouvement propalestinien prend l'olympisme en otage pour faire entendre sa cause.

En 1968, le Comité international olympique décide de voter l'exclusion de l'Afrique du Sud du Mouvement olympique en raison de sa politique d'apartheid. Mais l'invitation faite à un autre pays africain, la Rhodésie du Sud, comme celle faite à l'Afrique du Sud quatre ans plus tôt, suscite une vague de protestations de la part d'un grand nombre de pays d'Afrique noire. La Rhodésie n'a pas été autorisée à participer aux Jeux de Mexico de 1968 après que l'Assemblée générale des Nations unies a déclaré illégal le régime de Salisbury et imposé des sanctions internationales contre l'ancienne colonie britannique. En 1965, les Blancs y ont déclaré unilatéralement l'indépendance vis-à-vis du Royaume-Uni afin de conserver le pouvoir face à la majorité noire. Ils pratiquent une politique de ségrégation raciale identique à celle de l'Afrique du Sud. Devant la menace de boycott des Jeux de 1972 par les pays africains, soutenus entre autres par le Pakistan, la Yougoslavie et les Antilles, le CIO décide, après six jours de négociations, de retirer l'invitation à la Rhodésie.

L'Ostpolitik et les Jeux

Le CIO reconnaît le comité olympique de la République fédérale en 1951 et rejette la demande de reconnaissance de l'Allemagne de l'Est. Seule la RFA est présente en 1952 à Helsinki. Le CIO change d'avis en 1955 et propose de reconnaître la RDA uniquement si elle concourt avec la RFA (en cela, le CIO précède l'ONU). L'arrangement perdure jusqu'en 1964. Le drapeau du CNO allemand (anneaux olympiques sur fond rouge, noir et or) et son hymne (*Neuvième Symphonie* de Beethoven) sont neutres.

Mais l'équipe unifiée n'est pas naturelle et ne correspond pas au contexte. Par exemple, en 1961, une décision du Tribunal constitutionnel de Karlsruhe interdit toute rencontre sportive entre athlètes ouest- et est-allemands pour cause de menace d'infiltration communiste en Allemagne de l'Ouest. Les tensions se développent aussi lorsqu'il s'agit de sélectionner les athlètes participants aux Jeux.

La RFA n'était de toute façon pas favorable à l'équipe unifiée. Les relations se tendent surtout après la construction du mur de Berlin en 1961. C'est ce qui pousse le CIO à accepter le compromis de Madrid de 1965, plus en phase avec la réalité de la guerre froide : reconnaissance de l'existence et de la légitimité de deux équipes allemandes distinctes mais refus de leur accorder à chacune un drapeau et un hymne afin de préserver un semblant d'unité. En 1969, cette interdiction est finalement levée et, lors des JO de Munich (paradoxe de l'Histoire, les Jeux sur le sol allemand parachèvent la division), la RDA est autorisée à participer aux JO avec son équipe, son drapeau et son hymne.

Entre-temps, l'Ostpolitik naît à partir de 1969 et porte ses fruits en 1972, l'année des Jeux. Un traité est signé le 12 août 1970 entre la RFA et l'URSS. Un autre traité est signé le 7 décembre 1970 avec la Pologne (Brandt s'agenouille devant le monument dédié aux victimes du ghetto de Varsovie). La RFA reconnaît l'inviolabilité de la ligne Oder-Neisse en 1970 (mais pas son caractère intangible). Un traité quadripartite sur le statut de Berlin est signé le 3 septembre 1971 : l'URSS accepte de laisser passer les marchandises et les personnes se trouvant entre Berlin-Ouest et la RFA.

L'accord principal est le traité fondamental signé le 21 décembre 1972, trois mois après les Jeux de Munich. Par ce traité, la RFA et la RDA se reconnaissent en tant qu'entités séparées (sans se reconnaître comme États). Bonn abandonne ainsi l'exigence de représenter seule toute l'Allemagne. RFA et RDA accèdent à l'ONU en 1973. En 1972, la RFA signe aussi un accord avec la Tchécoslovaquie.

Pendant la deuxième semaine des Jeux, qui se tiennent du 26 août au 11 septembre 1972, le plus proche conseiller de Willy Brandt, Egon Bahr, se rend en RDA et rencontre Erich Honecker, alors dirigeant de la RDA. Vingt ans plus tard, la chute du Mur est symbolisée par la réunification des équipes olympiques est- et ouest-allemandes qui concourent au sein d'une équipe unique lors des JO de Barcelone de 1992.

La RDA a envoyé ses athlètes dans une équipe séparée de 1968 à 1988, manquant seulement les JO de Los Angeles pour soutenir le boycott mené par l'URSS. En cinq participations aux Jeux d'été, la RDA a remporté 519 médailles au total, dont 62 d'or. La délégation est-allemande a d'ailleurs fini à la deuxième place sur le tableau des médailles en 1988, devant les États-Unis. Un succès dû en grande partie à un vaste programme de dopage organisé par l'État, découvert après la chute du mur de Berlin. Les injections de testostérone et d'anabolisants étaient une pratique courante pour assurer à l'Allemagne de l'Est ses triomphes sportifs et le régime voulait aussi prouver sa supériorité vis-à-vis de la RFA et son statut de bon élève, voire du meilleur de la classe communiste aux yeux de l'URSS.

Le drame du 5 septembre

Une semaine après le début des Jeux olympiques, le 5 septembre 1972, à 4 heures du matin, un commando composé de huit hommes en survêtement s'infiltre dans le village olympique. Armé, il gagne le bloc 31 où loge la délégation israélienne et pénètre en force dans les appartements.

Sur les quinze membres de la délégation israélienne présents, deux sont tués en tentant de résister aux intrus, un troisième parvient à s'enfuir par la fenêtre et à rejoindre le logement des voisins sud-coréens, un quatrième s'échappe un peu plus tard. Restent onze otages aux mains du commando.

Le chef du commando, Luttif Issa, communique à un agent de police un texte de revendication. Il se réclame d'un groupe terroriste palestinien appelé « Septembre noir » en référence au massacre par le roi Hussein de Jordanie des Palestiniens (groupes armés et population civile) présents sur son territoire en septembre 1970. Le commando demande la libération de 200 prisonniers palestiniens.

Moins de trente ans après la fin de la Seconde Guerre mondiale, cette attaque est d'autant plus traumatisante pour les Allemands que les otages sont juifs. Les négociations avec les terroristes échouent car Mohammed Daoud Odeh, le cerveau de la prise d'otages, avait donné l'ordre de ne rien accepter.

Les limites pour l'exécution d'otages sont d'abord retardées de trois heures, puis prolongées de cinq heures, par le biais de deux communiqués écrits à l'avance. Les autorités locales tentent en vain de négocier. Le chef de la police allemande, Manfred Schreiber, et le chef de l'équipe olympique égyptienne, Ahmed Touni, négocient directement avec les preneurs d'otages, offrant autant d'argent que possible. Pendant ce temps, le CIO suspend les compétitions qui étaient prévues pour la journée.

Les négociations aboutissent à une décision de transfert vers l'Égypte. C'est dans la nuit suivante, à l'aéroport de Fürstenfeldbruck, que la seconde phase du drame se produit. Alors que les athlètes ont été installés dans deux hélicoptères, la police munichoise, par ailleurs mal préparée pour ce genre d'intervention, lance l'assaut sur le groupe terroriste. Trois des huit preneurs d'otages sont immédiatement abattus. Les autres jettent une grenade dans le premier hélicoptère et tirent dans le second. Au terme de la fusillade qui s'ensuit, le bilan est lourd : les 9 otages, 5 terroristes et 1 policier ont été tués. C'est à partir de ce drame, et pour en éviter d'autres, que de nombreux pays ont mis sur place des unités d'intervention afin de gérer de façon plus professionnelle ce type d'événement.

Le CIO renonce à annuler les Jeux et organise une cérémonie funèbre dans le stade olympique. Avery Brundage, qui officie pour la dernière année à la tête du CIO, prononce une phrase historique :

« *The Games must go on.* » Il autorise la poursuite des compétitions après une pause de trente-quatre heures. Cette décision a été vivement critiquée.

Ce drame révèle au monde les revendications des Palestiniens en exil. Deux jours plus tard, le gouvernement israélien de Golda Meir ordonne des représailles contre des bases palestiniennes en Syrie et au Liban qui font 70 morts. Le 9 septembre, des avions de la force aérienne israélienne bombardent des bases de l'Organisation de libération de la Palestine (OLP) en Syrie et au Liban en guise de représailles, ainsi que des camps de réfugiés palestiniens, une attaque condamnée par le Conseil de sécurité de l'ONU. On compte plus de 200 morts palestiniens, en majorité dans la population civile.

Quelques semaines après les Jeux, le 29 octobre 1972, un Boeing 727 de la Lufthansa est détourné par trois membres de Septembre noir après son décollage de Beyrouth. Les terroristes exigent une rançon et la libération des prisonniers de Munich. L'avion est autorisé à atterrir à Munich et à en repartir avec les trois terroristes en direction de la Libye. On note que les passagers de l'avion n'étaient qu'une poignée, exclusivement des hommes jeunes… La rumeur selon laquelle le détournement aurait été concerté par les Allemands et les Palestiniens pour permettre aux premiers de se débarrasser de leurs encombrants prisonniers a aussitôt couru[1].

1976, le CIO accablé par les crises

L'édition olympique de 1976 a été particulièrement difficile pour le CIO. En 1970, l'attribution de ces Jeux a déjà attisé une vive compétition entre Los Angeles, Moscou et Montréal. La candidature de Moscou attirait le CIO qui y voyait un moyen d'ouvrir les frontières de l'Est au sport ; toujours cette volonté d'expansion géographique et politique. Le comité de candidature moscovite proposa de rembourser le transport des médaillés d'or. L'Administration Nixon, malgré la politique de détente soviéto-américaine – qui encadrait la rivalité mais ne la faisait pas disparaître – voulait quant à elle couper l'herbe sous le pied des Soviétiques et accueillir les Jeux l'année du bicentenaire de l'Indépendance américaine. Washington promettait 40 millions de dollars de droits TV et le financement du transport de toutes les délégations si Los Angeles était choisie. Nixon proposa même d'offrir un morceau de pierre de Lune ramené par la NASA à chacun des 72 membres du CIO. Mais les différentes pressions de la diplomatie américaine, malgré le talent de Kissinger, ne réussirent pas à faire la différence. À la surprise générale, la ville de Montréal est sélectionnée pour accueillir les olympiades, grâce notamment au soutien des pays africains francophones qui ont massivement plaidé pour la capitale du Québec.

Devant les premières dérives liées à la commercialisation et la hausse du coût de l'organisation des Jeux, le CIO souhaitait également privilégier les villes de taille moyenne, plus à l'image des valeurs modestes de l'olympisme. Ironie de l'histoire, les Jeux de Montréal représenteront l'échec financier le plus lourd de l'histoire de l'olympisme.

Une autre crise survient un an après la désignation de Montréal : les Jeux olympiques d'hiver 1976 ont été attribués à Denver (États-Unis), mais après des polémiques liées à l'impact des Jeux sur l'environnement et à leur coût pour la municipalité – à l'époque, les Jeux ne permettaient pas de générer des revenus pour la ville hôte –, les électeurs de l'État du Colorado décident par référendum de renoncer aux Jeux d'hiver ! Ce refus oblige le CIO à confier l'organisation des Jeux à Innsbruck (Autriche), qui a déjà accueilli l'édition 1964. À quelques centaines de kilomètres de Munich, où quatre ans plus tôt la prise d'otages a choqué le milieu sportif, les Jeux d'Innsbruck de 1976 sont marqués par une sécurité omniprésente et une lourde atmosphère.

La première crise diplomatique liée aux Jeux d'été de Montréal concerne la question de Taïwan. Le 28 mai 1976, le Premier ministre canadien Pierre Elliott Trudeau annonce qu'il ne reconnaît qu'une seule Chine, la République populaire, et qu'il interdit aux athlètes taïwanais de se présenter sous le nom de République de Chine. En réponse, le CIO menace tout d'abord le Canada, qui viole ainsi la *Charte olympique*. En 1970, le gouvernement canadien avait accepté d'accueillir la délégation de Taïwan sous le nom de République de Chine. Mais à la date de la déclaration du Premier ministre, il n'était plus possible pour le CIO de changer de ville hôte pour les Jeux, ce dont Trudeau était conscient et tirait parti. Pendant les derniers mois avant les Jeux, le gouvernement canadien a signé de nombreux contrats commerciaux avec Pékin, et notamment la construction d'une centrale nucléaire en Chine. En reconnaissant officiellement la Chine populaire,

Trudeau privilégie les intérêts commerciaux et politiques de son pays au détriment de l'esprit olympique et met le CIO devant le fait accompli. Il est vrai qu'à l'époque, la Chine populaire n'a guère de moyens de pression et représente peu d'attraits pour le CIO. Malgré les tentatives de négociations entreprises par le CIO, Taïwan refuse de se rendre aux JO et les États-Unis, alliés traditionnels de l'île de Formose, menacent également de boycotter les Jeux.

Ce énième incident lié à la double représentation chinoise conduira à l'adoption par le CIO de la résolution de Nagoya en 1979 : le comité olympique de la République populaire de Chine est reconnu pour la première fois et le comité olympique de la République de Chine est rebaptisé « comité olympique du Taipei chinois ». Taïwan participera désormais sous le nom de « Taipei chinois » et sous un drapeau taïwanais. Mécontent de ce geste et par suivisme de Washington, Taïwan boycottera les Jeux de Moscou (1980). Ironie de l'histoire, la Chine populaire boycottera également ces Jeux, Pékin voulant afficher son opposition à l'URSS. Taïwan ne pourra pas rester plus longtemps au ban des nations olympiques, et pour redorer son image, elle réintégrera le Mouvement olympique à Los Angeles (1984). Le pays, en difficulté de reconnaissance, a dû céder son siège onusien à Pékin. La Chine populaire, en fonction de sa politique « d'une seule Chine », n'a pas de relation diplomatique avec un pays qui en entretient avec Taïwan. Cette dernière est de plus en plus isolée. De ce fait, une reconnaissance imparfaite par le CIO vaut mieux que pas de reconnaissance du tout. Au moins, au CIO, quelle que soit la dénomination, Taïwan siège aux côtés de Pékin, ce qui n'est pas possible à l'ONU ou dans les organisations internationales. Lors de ces Jeux aux États-Unis, un haltérophile chinois qui reçoit la médaille d'or tient la main du médaillé de bronze taïwanais sur le podium. L'image parle d'elle-même, l'intégration de Taïwan dans l'olympisme est entérinée.

Le 3 juillet 1976, une seconde crise met à mal la préparation de l'olympiade 1976 au Canada. Fin juin, une tournée de l'équipe néo-zélandaise de rugby en Afrique du Sud se déroule sur fond de graves émeutes dans la ville noire de Soweto. Plus de 140 morts et des milliers de blessés sont à déplorer en marge des rencontres de rugby. Réunis au sein de l'Organisation de l'unité africaine (OUA), les pays africains, dénonçant le régime ségrégationniste sud-africain, déclarent le 3 juillet 1976 qu'ils boycotteront les Jeux de Montréal si la Nouvelle-Zélande n'en est pas exclue. L'Afrique du Sud l'est déjà depuis 1964. Le CIO réplique en affirmant qu'il ne peut prendre de sanction contre un pays au sujet d'un sport, le rugby, qui n'est pas une discipline olympique. Après plusieurs semaines de tractations diplomatiques, 25 pays africains décident de ne pas participer aux épreuves. Si la décision du boycott est collective et ferme, sa mise en œuvre s'effectue dans la plus grande confusion : 700 athlètes africains étaient déjà sur place, et certains avaient même commencé la compétition avant de décider (ou d'être contraints) de quitter les Jeux. Des épreuves sont annulées à la dernière minute et 80 000 billets doivent être remboursés. Le boycott privera les Jeux de la présence du détenteur du record mondial du 1 500 mètres, le Tanzanien Filbert Bayi, et du recordman du 400 mètres haies, l'Ougandais John Akii-Bua. Parmi les pays africains, seuls la Côte d'Ivoire et le Sénégal ont choisi de prendre part aux épreuves.

Il s'agit du premier boycott politique d'envergure pour les JO et, alors que se profilent les Jeux de Moscou, certaines personnalités du monde sportif et politique appellent à un retour permanent des Jeux à Olympie… À quelques heures de la cérémonie de clôture des Jeux de Montréal, le Premier ministre grec Constantin Caramanlis adresse une lettre à Lord Killanin, président du CIO. Il y explique que la politisation et la commercialisation grandissantes des Jeux sont autant de dérives par rapport à leur forme originelle, et que ces crises deviendront fatales pour le Mouvement olympique. Il propose le retour des Jeux en Grèce afin de sauver l'olympisme en le rapprochant de ses racines antiques. Mais le CIO, ignorant ce qui allait advenir en 1980, souhaite continuer à étendre le Mouvement olympique à l'ensemble des continents et rejette la proposition grecque.

Chapitre 15

Les Jeux olympiques et la lutte contre l'apartheid

Le sport et les Jeux olympiques ont contribué à la lutte contre l'apartheid. Ce régime de ségrégation et de domination des Noirs par les Blancs établi en Afrique du Sud en 1948 a perduré jusqu'en 1991. Aucun Noir sud-africain, quelles que soient ses performances, ne pouvait alors appartenir à l'équipe olympique sud-africaine.

Le CIO a entrepris des négociations afin que cesse cette politique incompatible avec sa *Charte*, qui condamne toute forme de discrimination. Mais l'Américain Avery Brundage, président du CIO de 1952 à 1972, n'était guère sensible au sort des Noirs. Les négociations n'ont débouché sur aucun résultat tangible malgré la violation évidente de la *Charte*. Le CIO est accusé de ne pas faire suffisamment d'efforts contre l'apartheid.

La décolonisation va modifier les rapports de force. En novembre 1962, une résolution de l'Assemblée générale des Nations unies condamne l'apartheid. Moins d'un an plus tard, en octobre 1963, sous la pression, le CIO retire l'invitation faite au comité national sud-africain de participer aux Jeux olympiques de Tokyo. L'exclusion est renouvelée pour Mexico quatre ans plus tard, car 41 pays ont menacé de boycotter les Jeux olympiques si l'Afrique du Sud y était présente. En 1970, le CIO décide d'exclure les représentants sud-africains du Mouvement olympique. Au final, le CIO, stigmatisé par les autres pays africains et des pays comme l'Inde, a été en avance sur l'ONU qui a attendu 1974 pour suspendre la participation de l'Afrique du Sud.

En 1976, 26 pays africains boycottent les Jeux de Montréal pour protester contre la présence non pas de l'Afrique du Sud, mais de la Nouvelle-Zélande. Celle-ci a en effet permis à son équipe de rugby de participer à une tournée en Afrique du Sud. L'étau se resserre autour de l'apartheid.

Pour échapper aux critiques et alors que les pressions et sanctions s'accentuent dans le domaine politique et économique, le CIO rédige en 1988 un document intitulé *L'Olympisme contre l'apartheid*. Il appelle à l'isolement total du sport ségrégationniste.

L'apartheid est finalement démantelé deux ans plus tard. Devenue multiraciale, l'Afrique du Sud participe aux Jeux olympiques de Barcelone. Lors de la cérémonie d'ouverture, sa délégation est la plus applaudie.

Le boycott de l'Afrique du Sud a en fait commencé par l'action du CIO puis s'est étendu à tout le monde sportif. La Commission spéciale des Nations unies contre l'apartheid (CSNUA) a appelé à boycotter les rencontres sportives contre l'Afrique du Sud. À partir de 1969, les tournées internationales de l'équipe de rugby sud-africaine sont émaillées d'incidents et de protestations. La FIFA appelle également au boycott en 1976 et, l'année suivante, les États « blancs » membres du Commonwealth signent l'accord de Gleneagles, décourageant la compétition avec les équipes sportives sud-africaines. De son côté, la CSNUA élabore une Convention internationale contre l'apartheid qui sera signée par de nombreux pays.

C'est à partir du sport et de l'action du CIO que le mouvement anti-apartheid s'est ensuite étendu à des domaines plus vitaux, notamment économiques et stratégiques. Le sport a aidé à ouvrir le débat sur l'apartheid en touchant un large public et donc en permettant l'information et la mobilisation. Sport et olympisme ont ainsi été à l'avant-garde de la lutte contre l'apartheid. Ils n'ont pas à eux seuls vaincu l'apartheid, mais ils ont contribué à sa chute.

Chapitre 16

1980-1984, nouvelle guerre froide et boycott

L'organisation des Jeux olympiques de 1980 et 1984 est confiée aux deux grands en 1974 et en 1978, en pleine période de détente. En traduisant ainsi l'apaisement international dans le Mouvement olympique, le CIO cherche à démontrer sa dimension universelle et apolitique. Toutefois, le pari est risqué.

En novembre 1979, à quelques mois de l'ouverture des Jeux de Moscou, l'ambassade américaine à Téhéran est attaquée et le personnel est pris en otage. La difficulté de l'Administration Carter à gérer cette crise a déjà fortement décrédibilisé l'image internationale, et intérieure, du président américain. Quelques semaines plus tard, fin décembre 1979, l'armée soviétique envahit l'Afghanistan pour éviter la chute du régime communiste.

Aux États-Unis, les adversaires de la détente se déchaînent. Ils mettent en avant le recul de l'influence américaine et la poussée des Soviétiques. L'URSS atteint la parité nucléaire au niveau global. Elle a effectué une percée en Afrique dans les ex-colonies portugaises. Elle déploie unilatéralement des missiles nucléaires de moyenne portée en Europe. Le tout sur fond de syndrome vietnamien aux États-Unis. Le président Jimmy Carter est sous le feu des critiques, accusé de faire preuve de faiblesse face à la montée en puissance des Soviétiques. Ronald Reagan, le candidat républicain, prône « la paix par la force ». Il dénonce la détente qui n'aurait été qu'un marché de dupes, l'URSS endormant la méfiance des démocraties pour étendre sa domination. Dans le monde occidental, hommes politiques et intellectuels fustigent la mollesse des démocraties face au péril soviétique. Ils annoncent la mort lente par étouffement des régimes occidentaux par les régimes communistes. C'est la nouvelle guerre froide. Le climat est proche de l'hystérie.

Alors que les élections présidentielles de novembre 1980 se rapprochent, Carter veut paraître ferme et imposer le leadership américain. En plus d'un embargo sur les céréales – dont l'URSS a besoin pour nourrir sa population –, l'Administration américaine prend la décision le 21 janvier 1980 de boycotter les Jeux de Moscou, et appelle ses alliés à faire de même. Carter annonce que si l'URSS ne s'est pas retirée de l'Afghanistan avant le 20 février, les États-Unis boycotteront les Jeux. Bien entendu, l'URSS ne peut pas se conforter à ces vœux sans paraître obéir à Washington.

Charles Boycott, intendant d'un riche propriétaire terrien irlandais, traitait tellement mal ses fermiers que ces derniers ont organisé son isolement total. Le boycott est donc à l'origine l'arme des faibles qui s'organisent pour lutter pacifiquement mais efficacement contre les plus puissants. Un pays qui boycotte les Jeux interdit à ses athlètes d'y participer. Les JO sont utilisés comme une tribune pour faire passer un message politique. Les athlètes sont considérés de fait comme « ambassadeurs de l'État » et le boycott s'apparente à une rupture des relations diplomatiques. Il va être considéré comme une mesure de rétorsion politique *a priori* appliquée par un État qui se croit en position de force vis-à-vis de l'autre.

Le président Carter évoque le fait que pour Brejnev et son Parti, les JO constituent une grande entreprise de communication en interne. Les Jeux olympiques (et la course aux médailles) sont très attendus par la population, c'est une consécration nationale. En instituant un boycott, la crédibilité du régime sera atteinte et le peuple prendra conscience de la contestation d'une grande partie de la communauté internationale envers l'URSS. Par ailleurs, si la mesure symbolique est forte, il n'y a pas d'affrontement stratégique direct. On est bien dans le cadre de la guerre froide entre les deux superpuissances atomiques : on s'invective, on se livre à une guerre de propagande, mais on ne passe jamais à l'affrontement militaire direct.

En janvier 1980, la décision du boycott jouit d'une grande popularité aux États-Unis. Les sondages et la presse écrite y sont largement favorables. Après avoir justifié son choix devant le Congrès lors de son discours de l'Union du 23 janvier 1980, Carter quitte la salle sous une standing ovation. Sa popularité fait un bond : il passe de 23 % à 53 % d'opinions positives.

Les JO d'hiver, qui se tiennent en mars de cette année 1980 à Lake Placid (New York), sont l'occasion d'une première crise. Alors que l'équipe soviétique de hockey sur glace restait invaincue depuis de nombreuses années et était détentrice des quatre dernières médailles d'or, sa rivale américaine arrive à la battre au terme d'un match épique et s'adjuge le titre olympique. Ce match, surnommé depuis « Miracle on Ice » aux États-Unis, est resté gravé dans la mémoire du pays. L'excès patriotique provoqué par cette victoire conduit de nombreux Américains à militer pour une participation de leur pays aux JO de Moscou, où ils pourraient avoir le privilège de battre les athlètes soviétiques sur leur propre sol.

Un deuxième événement est la mort de Jesse Owens, survenue le 31 mars 1980. Il est intéressant de noter que le cas des JO de 1936 est très souvent cité dans les débats en 1980, que ce soit pour ou contre le boycott. Carter déclare que si les Américains avaient boycotté les JO de 1936, la Seconde Guerre mondiale n'aurait peut-être pas eu lieu. Les Faucons (partisans d'une ligne dure contre l'URSS et adversaire de la politique de détente) n'hésitent pas à faire un parallèle entre les Jeux du nazisme et ceux du communisme. De l'autre côté, nombreux sont ceux qui pensent que Jesse Owens incarne la raison de participer aux Jeux, puisqu'il a réussi à réfuter les théories nazies sur la piste de course. Les Jeux d'hiver de Lake Placid et la mort de Jesse Owens contribuent à éroder la popularité du boycott auprès des Américains. Le problème est que ce ne sont pas les États qui participent directement aux Jeux, mais les comités olympiques nationaux, et que ceux-ci sont naturellement pour la participation. Ils estiment que l'opposition à l'URSS peut s'exprimer par d'autres moyens.

De plus, l'Administration Carter a considérablement sous-estimé la résilience du Mouvement olympique, et notamment son indépendance du pouvoir politique. Au Royaume-Uni par exemple, l'appel de Margaret Thatcher au boycott n'empêche pas le choix des athlètes britanniques de répondre à l'invitation de Moscou. Mis à part la RFA, les alliés européens des États-Unis se rendent aux Jeux. Le président français, Valéry Giscard d'Estaing, n'exerce pas de pression sur le CNOSF. Il est vrai que Giscard est accusé d'être trop « compréhensif » face aux Soviétiques, ce que lui reprochera François Mitterrand dans la campagne électorale de 1981. Le CNOSF vote à une large majorité de se rendre à Moscou. Quant au comité national olympique des États-Unis, il est partagé entre le patriotisme américain et le respect des valeurs de l'olympisme. Cependant, malgré une volonté initiale de ne

pas respecter les choix de son président, le CNO américain ne peut résister aux pressions cumulées de l'Administration, d'une partie de l'opinion publique et surtout de
ses sponsors, et décide finalement à la mi-avril 1980 de ne
pas se rendre en URSS (1 607 délégués ont voté pour le
boycott, 797 ont voté contre).

L'Administration Carter propose de redonner l'organisation permanente des Jeux à la Grèce, puis de trouver cinq
villes, chacune représentative d'un des continents, où les
Jeux se dérouleraient à tour de rôle. Mais le CIO refuse
ces propositions et, dès le 12 février, les membres du CIO
décident à l'unanimité que « les Jeux olympiques doivent
avoir lieu à Moscou comme prévu ». Après le boycott de
Montréal, le CIO craint que l'existence même des JO soit
remise en cause du fait de ces querelles stratégiques.

Moscou, Acte I

Finalement, 80 États décident de participer aux Jeux de
Moscou, alors qu'une cinquantaine de pays s'alignent
derrière les États-Unis, notamment 29 pays musulmans
qui ont refusé l'invitation du CIO. Ils veulent protester
contre l'invasion de l'Afghanistan, perçue comme une
attaque contre l'islam. Il est vrai que si le monde est alors
habitué aux opérations militaires de l'URSS au sein du
pacte de Varsovie, c'est la première fois qu'elle intervient
dans un pays du tiers-monde, de surcroît musulman[1].

Mais c'est surtout la présence du Japon, de la Chine et
de la RFA parmi les boycotteurs qui renforce la position
américaine. Quinze des délégations participantes décident
de ne pas arborer leurs symboles nationaux. Elles défilent
sous le drapeau olympique et font jouer l'hymne olympique lors des cérémonies de remise des médailles[2].

Le comité national du Royaume-Uni décide d'envoyer des athlètes à Moscou contre l'avis de Margaret Thatcher. Il est rarissime que sur une question stratégique, Royaume-Uni et États-Unis divergent !

En France, le gouvernement laisse la liberté au comité national de décider. Trois fédérations décident toutefois de boycotter : équitation, voile et tir. À l'instar d'autres pays, la France boycotte la cérémonie d'ouverture.

Le 30 juillet 1980, alors que les JO ont lieu à Moscou, le président Carter remet aux 400 « sélectionnés américains » une médaille d'or frappée pour l'occasion. Il leur dit : « Les générations futures sauront ce que vous avez fait, pas seulement dans les archives sportives, mais dans les livres d'histoire. Ils sauront qu'en 1980, vous avez fait plus que n'importe qui partout dans le monde pour maintenir haute la bannière de la liberté et de la paix. »

Les télévisions occidentales réduisent largement la diffusion des épreuves, tandis que le Japon et les États-Unis n'en retransmettent aucune image. Au contraire des prévisions des avocats du boycott, les Jeux ne sont pas le théâtre d'une propagande particulière de la part des Soviétiques qui respectent les consignes du CIO quant à la neutralité politique de la cérémonie d'ouverture ou pendant les épreuves. De même, le boycott n'a pas d'impact en termes de politique intérieure soviétique. Au contraire, le régime soviétique, en dénonçant le complot américain, joue sur la fibre nationaliste de la population. Ainsi, les Russes voient dans le boycott non pas une critique de leur régime, mais une opposition à leur nation et une volonté de ne pas reconnaître son statut de grande puissance.

La seule conséquence palpable du boycott est la remise en cause de la validité des résultats sportifs. Le classement des médailles consacre l'URSS et la RDA qui récoltent plus de la moitié des titres olympiques (respectivement 80 et 47 sur un total de 204 médailles d'or). La Bulgarie suit loin derrière, avec 8 médailles d'or. Ceci dit, 36 records du monde sont enregistrés pendant l'olympiade, ce qui dénote un niveau sportif élevé.

La Bulgarie est 3e, Cuba 4e, la Hongrie 6e, la Roumanie 7e et la Pologne 10e. Le Polonais Kozakiewicz s'illustre lors du concours de saut à la perche dans lequel il a pour principal rival le Russe Volkov. Le public prend bien sûr parti pour son champion et lorsque Kozakiewicz doit passer la barre des 5,70 mètres qui doit lui assurer la victoire, il suscite une véritable bronca. Il réussit néanmoins et adresse un bras d'honneur à la foule à peine rétabli sur ses pieds. Cela est vécu comme un geste d'opposition de la Pologne à l'Union soviétique alors que le syndicat Solidarnosc va bientôt être créé.

L'ambassadeur polonais à Moscou conseille à la fédération d'athlétisme de disqualifier le champion alors même qu'il s'agit de la première médaille d'or de la Pologne au cours des Jeux. Le gouvernement polonais, coincé entre la tutelle de Moscou et sa propre opinion, déclare contre toute vraisemblance que le geste du sportif était involontaire et dû à un spasme musculaire faisant suite à son effort ! Ce geste va lui susciter une formidable popularité en Pologne. Kozakiewicz avouera par la suite qu'il n'avait pas une signification politique initiale, que c'était un geste de réaction à l'hostilité du public. En 1984, il passera le rideau de fer et obtiendra la nationalité allemande.

La grande conséquence géopolitique de cet épisode du boycott de Moscou est de nourrir la relance de la guerre froide entre les deux supergrands. Les Américains accusent les Soviétiques d'avoir enterré la détente avec l'invasion de l'Afghanistan. Ces derniers répondent qu'il s'agissait d'une affaire interne et qu'en surréagissant à l'opération militaire, ce sont les Américains qui ont relancé les tensions bilatérales. Toujours est-il que l'arrivée de Reagan à la Maison-Blanche montre que le boycott n'a pas permis la réélection de Carter, contrairement à ce que celui-ci espérait. Le choix du boycott par Carter était largement animé par un souci de politique intérieure. La nouvelle guerre froide est lancée.

Face aux demandes de boycott des Jeux de la part de certains responsables politiques et intellectuels ou considérés comme tels (BHL est déjà de la partie), des athlètes français vont réagir dans un papier : « Signer contre la présence des athlètes à Moscou, c'est un peu aussi bafouer leur liberté. La liberté de courir ou de sauter ne vaut pas moins que celle de penser. Les sportifs sont des hommes et des femmes à qui l'on a non seulement promis le droit de participer, mais parfois enjoint le devoir de gagner et qui se sont entraînés pour ça. Imaginez une seule seconde que demain Bellot, Abada, Houvion, Vigneron, Rougé, Rega, Pelen, Riboud, Carrega, Rousseau, les fleurettistes, les cavaliers ou les cyclistes français fassent circuler une pétition. Une pétition où ils vous demanderaient, à vous, parce qu'ils auraient appris que Brejnev en démissionnerait de rage ou que Pinochet en ferait d'affreux cauchemars, de brûler votre dernier manuscrit, de cesser d'écrire pendant deux ans, de refuser toute traduction de vos œuvres antérieures, de ne plus prendre la parole dans les universités, etc. C'est un peu ce que vous leur demandez aujourd'hui : refuser à un athlète d'aller aux Jeux, c'est un peu interdire à un écrivain d'être publié, à un musicien de jouer, à un artiste d'exposer. Avouez que comme défense de la liberté, on peut faire mieux[3]. »

Los Angeles, Acte II

Quatre ans plus tard, c'est au tour des Soviétiques, avec 18 de leurs alliés, de boycotter les Jeux d'été de Los Angeles (1984). L'annonce du boycott soviétique est tardive (avril 1984). En amont des Jeux, certains analystes spéculent sur la désertion des athlètes soviétiques s'ils viennent aux Jeux. Entre-temps, l'URSS annonce manquer de garanties quant à la sécurité de ses athlètes et demande au comité organisationnel de les autoriser à rester dans un yacht dans le port de Los Angeles au lieu du village olympique. Finalement, les Soviétiques renoncent à l'invitation des Jeux, officiellement car la sécurité de leur délégation ne serait pas assurée. Personne n'est dupe ; il s'agit bien d'une réponse au boycott américain, quatre ans plus tôt. Cependant, l'impact beaucoup plus limité de ce boycott que celui du boycott de 1980 montre les limites de la puissance et le relatif isolement de Moscou. C'est un échec pour l'URSS.

Au moment de l'annonce du boycott, les Soviétiques ont une liste de 100 pays qui suivraient leur décision. Finalement, seuls 14 pays refusent de se rendre à Los Angeles. La participation de la Roumanie, qui veut montrer sa singularité au sein du pacte de Varsovie, et surtout celle de la Chine, toujours heureuse de contrecarrer les plans de Moscou, ont sans doute permis de sauver l'olympiade d'un affront majeur[4]. L'édition accueille un record de 142 nations. Les Américains y remportent 174 médailles, dont 83 en or.

Le boycott : une arme efficace ?

L'histoire des Jeux olympiques a connu de nombreuses opérations de boycott, mais les boycotts de 1980 et 1984 ont été les plus retentissants. Comme il est expliqué dans l'ouvrage de Sarantakes[5], l'Administration Carter poursuivait sa politique de boycott tout en sachant que cela menaçait la survie du Mouvement olympique, qui à l'époque était encore fragile. Au final, le double épisode 1980-1984 a montré l'inefficacité des boycotts en termes sportifs. De même, cet intervalle a vu l'arrivée à la tête du CIO de Juan Antonio Samaranch qui allait parachever la mue de l'olympisme vers le professionnalisme et la commercialisation à outrance. Les JO de Los Angeles ont été les premiers Jeux largement profitables économiquement. À partir de 1984, il devient difficile pour les nations d'interdire à leurs athlètes de se rendre aux Jeux tant ces derniers sont devenus puissants et universels. Chacun vient participer à la fête et les absents ont tort. Ils sont plus pénalisés qu'ils ne pénalisent par leur absence le pays hôte. Ils peuvent par ailleurs être exclus des Jeux olympiques à venir par le CIO. Pour être une arme efficace, le boycott doit être généralisé et de longue durée, sans quoi il se retourne contre ceux qui l'utilisent.

Chapitre 17

Séoul 1988, l'olympisme au secours de la démocratisation

La Corée du Sud dépose sa candidature pour l'accueil des Jeux olympiques en septembre 1981. Le nouveau président, Chun Doo-hwan, espère ainsi légitimer son régime autoritaire, de plus en plus fragilisé par des appels à la démocratisation. Les JO doivent aussi permettre de souligner la réussite économique de la Corée du Sud, qui est l'un des « quatre dragons asiatiques » ayant émergé dans les années 1970-1980 et qui aspire à une meilleure exposition sur la scène internationale. Le CIO, favorable à l'accueil des JO pour la première fois en Corée, sélectionne Séoul contre Nagoya, le Japon ayant déjà accueilli les Jeux en 1964 (Tokyo). La sélection de Séoul comporte un risque stratégique : le pays est officiellement toujours en guerre avec la Corée du Nord – la guerre de 1950-1953 s'est conclue sur un armistice, et non par un véritable traité de paix –, régime plus qu'imprévisible. Les installations olympiques se situent à quelques dizaines de kilomètres de la frontière intercoréenne. Toutefois, le CIO poursuit la réalisation de son vœu d'apolitisme et espère que les Jeux vont œuvrer pour la paix dans la péninsule coréenne.

LE BOYCOTT N'A PAS LA COTE

Traumatisé par les épisodes de 1976, 1980 et 1984, le CIO souhaite à tout prix éviter un boycott du bloc soviétique, étant donné l'absence de relations entre la Corée du Sud et les pays socialistes alliés avec la Corée du Nord. Le Comité prend les devants et décide que c'est à lui d'envoyer les invitations aux Jeux et non au comité de la ville hôte, comme auparavant. Un point d'interrogation majeur de ces Jeux est la participation de la Corée du Nord. En janvier 1986, le CIO organise une réunion des comités olympiques sud-coréen et nord-coréen. La Corée du Nord demande à organiser les compétitions de 11 des 23 disciplines olympiques et pose des revendications afin de modifier les cérémonies d'ouverture et de clôture des Jeux. Le CIO refuse de répondre à toutes les conditions. Il invoque notamment la *Charte olympique* qui interdit la tenue des Jeux d'été dans plusieurs pays. L'organisation des Jeux est confiée à la seule Corée du Sud. En protestation, la Corée du Nord, accompagnée de Cuba, du Nicaragua, de Madagascar, de l'Albanie et des Seychelles, décide de boycotter Séoul. Malgré cela, 160 nations, dont tous les pays du pacte de Varsovie, participent à l'olympiade, battant ainsi le record établi à Los Angeles quatre ans plus tôt. Le boycott a échoué partiellement en 1980, largement en 1984, il est devenu cette fois pathétique ; les absents ont tort.

LA PRESSION DES JEUX

Si la préparation des Jeux n'a pas permis de rapprocher les deux pays frères ennemis, elle a néanmoins contribué à des changements politiques en Corée du Sud. En janvier 1987, un étudiant coréen meurt, torturé par des policiers locaux. Des manifestations se multiplient pour réclamer d'abord l'abolition de la torture, puis progressivement une révision de la constitution et la démocratisation du pays. Face à l'ampleur de la mobilisation qui gagne l'ensemble du pays, le pouvoir décrète la « Déclaration du 29 juin » qui rétablit l'élection du président au suffrage universel direct, amnistie de nombreux opposants politiques, favorise la liberté de la presse et la liberté d'action des partis politiques. L'année 1987 marque ainsi la fin du régime militaire sud-coréen, et l'élection de Roh Tae-woo comme premier président sud-coréen démocratiquement élu. Le développement économique de la Corée du Sud a permis l'émergence d'une classe moyenne qui va faire entendre des revendications politiques.

Certes, ce ne sont pas les Jeux qui ont déclenché les revendications, mais leur approche a empêché le pouvoir militaire de réprimer violemment les manifestations comme il l'avait fait en 1980 dans la province de Kwangju, où plusieurs centaines d'opposants politiques avaient trouvé la mort. Cette fois, la junte ne peut se permettre un bain de sang alors qu'elle se prépare à accueillir un événement aussi médiatique et important pour l'image du pays. Elle se rend compte que les temps ont changé et que ce qui a été possible en 1968 à Mexico ne l'est plus désormais. Les Jeux ont gagné en visibilité et l'opinion pèse beaucoup plus.

Les derniers JO de l'URSS

En ce qui concerne le déroulement des Jeux, l'animosité et la proximité du voisin nord-coréen – la frontière nord-coréenne est à 3 kilomètres de Séoul – éveille constamment les craintes. Mais pendant la quinzaine, aucun incident notable n'est signalé. 120 000 militaires et policiers sont en charge de la sécurité, deux porte-avions américains stationnent, prêts à intervenir, et les responsables de la sécurité des Jeux sont intégrés au sein du cabinet ministériel.

Sans le savoir, l'URSS participe à ses derniers Jeux. Elle les remporte haut la main, avec 132 médailles au total (55 en or), loin devant la RDA puis les États-Unis. Même au basket-ball, l'URSS a battu les États-Unis, qui concouraient pour la dernière fois sans leurs stars de la NBA. Mais ce sera le chant du cygne pour l'Union soviétique.

Les Jeux en Corée ont certes marqué la fin des grands boycotts politiques de la guerre froide, mais ils n'ont pas eu d'impact sur le conflit entre les deux Corées. En guise d'image, retenons les colombes lâchées pendant la cérémonie d'ouverture et grillées par l'allumage de la flamme olympique. Rituel d'ouverture des Jeux, le lâcher de colombes ne sera plus effectué par la suite.

Le véritable pouvoir de ces Jeux a été d'empêcher une répression sanglante des revendications populaires coréennes au cours de l'année 1987 et de contribuer au passage de la dictature militaire à la démocratie civile.

Recevoir le monde entier et être sous les feux des projecteurs oblige à une modération de comportement. Les JO, qui ont été accordés à une Corée du Sud en voie de démocratisation, vont accélérer et consolider cette dernière.

Chapitre 18

Barcelone 1992, l'olympisme profite de la fin de la guerre froide

Les Jeux olympiques de 1992 représentent à bien des égards un tournant. Un premier changement concerne les candidatures à l'organisation. En 1980, Los Angeles était la seule ville candidate pour l'accueil des Jeux de 1984. Quatre ans plus tard, seules Nagoya et Séoul étaient en lice pour 1988. Mais avec le succès commercial des Jeux de Los Angeles en 1984, l'olympisme est entré dans une nouvelle ère faste et les candidats se bousculent désormais pour organiser l'événement. Pas moins de six villes demandent à organiser les Jeux de 1992 : Paris, Belgrade, Brisbane, Birmingham, Amsterdam et Barcelone. Le choix de l'Espagne par le CIO en 1986 marque ainsi l'entrée du pays dans l'ère moderne, quelques années après la fin du franquisme et quelques mois seulement après son entrée dans la Communauté économique européenne. Le choix de l'Espagne représente aussi une victoire pour le président espagnol du CIO Juan Antonio Samaranch, qui est d'ailleurs à l'origine de cette commercialisation à outrance des Jeux, dont l'organisation fait désormais l'objet d'une compétition féroce entre de nombreuses villes.

LES JEUX DE LA RÉCONCILIATION

Barcelone est la capitale de la Région autonome catalane, qui rapporte un quart du PIB espagnol et revendique une plus grande autonomie, voire l'indépendance. Les Jeux de 1992 représentent une occasion en or pour les séparatistes de véhiculer leur message identitaire. À l'inverse, le pouvoir espagnol entend utiliser les Jeux pour afficher la réconciliation espagnole, l'unité nationale, surtout que la même année l'Exposition universelle se tient à Séville et que Madrid est la capitale de la culture européenne. Finalement, un accord est conclu entre le pouvoir central et le gouvernement catalan : les symboles catalans peuvent être arborés pendant les Jeux (lors des cérémonies), et en retour, aucune manifestation politique n'est organisée. La mairie de Barcelone, la Région catalane et le pouvoir central ont tous trois intérêt à ce que les Jeux se déroulent dans les meilleures conditions.

En outre, les Jeux de Barcelone témoignent de cette montée des recettes commerciales liées aux Jeux, puisque les droits TV cumulés s'élèvent à 636 millions de dollars, soit une hausse de 60 % par rapport aux Jeux de Séoul.

Mais les Jeux olympiques de Barcelone représentent avant tout les premiers Jeux de l'après-guerre froide. L'olympisme n'est plus victime des politiques d'instrumentalisation, des boycotts et des tensions qui ont émaillé l'histoire des Jeux depuis la fin de la Seconde Guerre mondiale. Si les épisodes de 1976 et 1980 ont particulièrement fragilisé le Mouvement olympique, les Jeux de Barcelone sont les Jeux de la réconciliation, de la fin des empires et des politiques de blocs.

En ce sens, le CIO profite pleinement des événements internationaux qui ont modifié le paysage stratégique mondial depuis les JO de 1988. En décembre 1991, la fin de l'URSS laisse place à 15 États indépendants. La Lettonie, la Lituanie et l'Estonie participent aux Jeux sous leurs propres couleurs, pour la première fois depuis 1936.

L'Estonie et la Lituanie gagnent même une médaille d'or chacune. En ce qui concerne les autres États ex-soviétiques, une « équipe unifiée d'ex-URSS » est représentée par le drapeau olympique et c'est l'hymne olympique qui est joué en cas de victoire. Cette curieuse équipe, aux couleurs vertes et noires, remporte 45 médailles d'or et termine devant les États-Unis. L'Allemagne unifiée concourt avec une délégation unique qui remporte 33 médailles d'or et se place à la troisième place du tableau des médailles.

La fin de la dictature albanaise permet au pays de revenir dans le giron olympique, après vingt ans d'absence pendant lesquels les dirigeants de Tirana ne souhaitaient pas participer à une « manifestation bourgeoise ». Cuba est également de retour après douze ans d'absence. Pendant les Jeux, les athlètes cubains dominent la boxe.

Cuba participe aussi à la fête

En 1962, Fidel Castro signe donc un décret qui interdit le professionnalisme sportif. C'est un mouvement général de refus de céder aux pressions de l'argent et de passer à un autre modèle de société, en réaction à la période de la domination américaine. Loin de désorganiser le sport cubain, cela va lui permettre de briller lors des Jeux olympiques. Si la révolution cubaine a connu beaucoup de ratés, notamment en termes de liberté publique, chacun lui reconnaît des succès en termes d'éducation pour tous et de santé publique. Le sport va être un instrument d'éducation, mais aussi, rapidement, de rayonnement.

Les sportifs sont bien sûrs des privilégiés dans le régime, de par leur statut et les conditions matérielles qui leur sont accordées. Toutefois, tout cela n'a rien à voir avec le statut qu'ont la plupart des sportifs de haut niveau dans les autres pays. Les sportifs cubains font l'objet de courantes tentatives de débauchage pour rejoindre les compétitions occidentales, et notamment américaines. L'attrait de l'argent, de la célébrité, le fait de quitter les contraintes de l'île et également de participer à des compétitions plus relevées ne peuvent que les tenter. Mais certains résistent, par fidélité au régime ou par patriotisme.

La *Charte olympique,* qui n'autorise à concourir que les athlètes naturalisés depuis plus de trois ans sauf si leur pays d'origine leur accorde un bon de sortie, vient quelque peu protéger Cuba. La Havane ne délivrera pas de « bon de sortie » aux sportifs dont le départ est considéré comme une trahison du régime. Juantonera, président de la Fédération cubaine d'athlétisme et ancien champion, défend cette règle d'un point de vue plus général en affirmant qu'il s'agit d'éviter la fuite des athlètes du tiers-monde vers les pays riches.

Felix Savon, le boxeur qui a refusé 10 millions de dollars offerts par le promoteur américain Don King, est cité en exemple : « Je n'ai pas besoin de 10 millions de dollars quand j'ai 11 millions de Cubains derrière moi. » La boxe est la principale source des succès olympiques de Cuba. Soixante-trois des 194 médailles remportées par Cuba depuis sa première participation aux JO proviennent de la boxe. La boxe est le porte-drapeau du sport cubain et le décret national signé par Fidel Castro en 1962 interdisant le professionnalisme sportif est une autre explication de cette suprématie cubaine. En 1992, pour son retour après deux boycotts, l'équipe des Cubains remporte 7 des 12 médailles d'or disponibles.

Le base-ball est également, par importation des États-Unis, l'autre sport majeur de Cuba. Il est devenu sport olympique en 1992 au titre de sport de démonstration. Les Cubains ont remporté 3 médailles d'or et 5 médailles en tout, dominant les États-Unis qui emploient généralement des délégations composées de joueurs amateurs.

L'athlétisme est également une bonne spécificité de Cuba. À Sydney, en 2000, Cuba remporte 29 médailles, terminant devant la Grande-Bretagne et tous les ex-pays socialistes sauf la Russie. Vainqueur du 110 mètres haies à Pékin en 2008, Dayron Robles déclare : « Je souhaite dédier cette médaille d'or à Castro et aussi aux gens de ma ville natale, Guantánamo. » Guantánamo est une base militaire qui a été donnée en bail emphytéotique lors de l'indépendance de Cuba aux États-Unis et que ceux-ci n'ont pas pu récupérer depuis. C'est là que les États-Unis ont installé la sinistre prison illégale après le 11 septembre.

À l'issue des Jeux de Pékin, Castro fait un bilan des Jeux olympiques. Cuba est tombée à la 28ᵉ place du classement général contre la 11ᵉ en 2004 et la 5ᵉ en 1992. « Nous représentons environ 0,07 % de la population mondiale. À l'inverse des États-Unis, dont la population est au moins trente fois supérieure à la nôtre, nous ne pouvons pas être forts dans tous les sports. » Il déclara sa solidarité avec le champion de taekwondo Angel Valadio Matos, disqualifié pour avoir dépassé le temps accordé pour recevoir des soins qui s'en était pris à l'arbitre et avait été exclu à vie de toute compétition internationale. Castro s'est réjoui de l'attribution des Jeux olympiques de 2016 au Brésil comme étant la preuve de l'influence croissante des pays du Sud à l'échelle internationale.

SANS LA YOUGOSLAVIE MAIS AVEC DES YOUGOSLAVES

La fin progressive de la Yougoslavie dans les années 1990 a entraîné l'indépendance de la Slovénie, de la Bosnie et de la Croatie qui envoient leurs propres délégations à Barcelone. Pour les pays qui ont fait sécession, l'occasion est trop belle de montrer à la télévision et en direct à la fois à leur propre population et au monde entier qu'ils existent, qu'ils sont une nation indépendante. En ce qui concerne la Yougoslavie, enfin ce qu'il en reste, celle-ci est sous sanction de l'ONU[1], et il est difficile pour le CIO de passer outre les sanctions internationales et de laisser participer ce pays, qui par ailleurs est exclu du Championnat d'Europe des nations de football qui se déroule en juin et en juillet 1992. Le CIO souhaite que les Jeux de 1992 soient les Jeux de l'universalisme et se lance dans une négociation avec l'ONU, le président américain George Bush et les chefs d'États européens. Un compromis est trouvé : on laisse les sportifs yougoslaves participer de façon individuelle, sous la bannière et l'hymne olympique. Cette délégation remportera une médaille d'argent et une de bronze.

LE RETOUR DE L'AFRIQUE DU SUD POST-APARTHEID

Par ailleurs, la fin du régime d'apartheid en Afrique du Sud en 1991 permet la réintégration du pays au CIO et sa participation aux Jeux pour la première fois depuis son exclusion en 1960. Un des symboles marquants de l'olympiade de 1992 est l'épreuve du 10 000 mètres féminin, remporté par l'Éthiopienne Derartu Tulu, première femme d'Afrique noire championne olympique, au terme d'une lutte serrée contre la Sud-Africaine blanche Elana Meyer. Après la course, les deux femmes font un tour d'honneur main dans la main, marquant la réconciliation de l'Afrique du Sud avec le reste du continent et de la communauté internationale et symbolisant la fin de l'apartheid.

Avec la participation également de la Namibie, nouvellement indépendante – ancienne possession allemande, confiée en mandat à l'Afrique du Sud après la Première Guerre mondiale, l'ONU avait fait de son indépendance face au régime d'apartheid un combat prioritaire – et du Yémen, tout juste unifié, les Jeux de Barcelone accueillent 169 délégations nationales, et, pour la première fois depuis la Seconde Guerre mondiale, aucun boycott politique n'est à signaler.

Une réussite, malgré les menaces

Le choix de la ville de Barcelone comprend toutefois un risque particulier pour la sécurité des Jeux. Le séparatisme catalan, et surtout l'activisme armé du groupe basque ETA menacent à l'approche des Jeux. Mais aucun incident n'est à déplorer. Par ailleurs, vingt ans après les actions terroristes de Munich, Israël remporte ses deux premières médailles olympiques.

Autre image forte, celle de l'Algérienne Hassiba Boulmerka qui remporte le 1 500 mètres et recueille la première médaille d'or de l'Algérie. Lorsque l'année précédente, à Tokyo, elle a gagné le championnat du monde, elle a été acclamée comme une héroïne dans les rues de Constantine, sa ville natale. Entre les deux événements sportifs, dans la première moitié de l'année 1992, on assiste au début de la guerre civile en Algérie, caractérisée par une montée du poids des islamistes dans la société algérienne. Très vite, Hassiba Boulmerka est prise à partie par les chefs religieux locaux qui l'accusent de ne pas être musulmane car elle court avec les bras et les jambes découverts. Après avoir reçu de multiples pressions dont des menaces de mort, elle est contrainte de s'exiler à Berlin pour préparer sereinement les Jeux. À Barcelone, elle bénéficie d'une escorte policière très rapprochée, mais elle remporte brillamment la finale. Comme elle le relatera plusieurs années plus tard, ses larmes sur le podium traduisent sa fierté d'avoir gagné une médaille d'or au nez et à la barbe des islamistes[2].

Chapitre 19

Les Jeux olympiques et la mondialisation

Selon la charte du CIO, le Mouvement olympique, symbolisé par les cinq anneaux entrelacés, est « universel et permanent ». Quatorze pays ont participé aux premiers JO de l'ère moderne en 1896 à Athènes. Ils sont 204 à s'être rendus à Londres en 2012. Le CIO (206 États) compte aujourd'hui plus de pays que l'Organisation des Nations unies (193 États).

L'augmentation de la participation est liée aux événements géopolitiques et à la croissance de sa diffusion à travers le monde. La première vague est due à la décolonisation. La deuxième à la désintégration de l'URSS et de la Yougoslavie, consécutives à la chute du mur de Berlin.

En 1912, avec la participation du Japon, c'est la première fois que les cinq continents sont représentés. Avant la Seconde Guerre mondiale, reflet des rapports de force géopolitiques, la participation est essentiellement européenne et nord-américaine. On note également une disproportion en faveur des pays hôtes dont les sportifs sont surreprésentés. La participation africaine se limite alors à l'Égypte et à une Afrique du Sud sous domination britannique.

La mondialisation se reflète aussi dans la plus grande répartition des médailles. À Séoul en 1988, 31 pays ont obtenu une médaille d'or. En 2004, ils étaient 57.

On assiste aussi à une mondialisation de certains sports, au départ strictement nationaux. Le judo, un art martial associé à l'archipel nippon, en est le parfait exemple. Introduit pour les Jeux de Tokyo en 1964, il devient rapidement une spécialité… française. Quant au base-ball américain, il figure aux JO depuis 1992. Cependant, d'autres sports pratiqués par beaucoup d'individus restent à la porte, comme le football américain, le rugby, le cricket ou le surf. Certaines épreuves traditionnelles tel le pentathlon moderne (escrime, natation, équitation, tir et course) sont menacées régulièrement.

En 1988, les JO deviennent vraiment mondiaux et globalisés. Il n'y a plus de boycott géopolitique comme lors des cinq précédentes olympiades, mis à part celui de l'ennemi nord-coréen ainsi que de Cuba, du Nicaragua et de l'Éthiopie qui ne se rendront pas à Séoul par solidarité avec le régime communiste de Kim Il-sung. Depuis Los Angeles en 1984, on sait que les Jeux peuvent être rentables grâce aux sponsors et aux droits TV. Si la Coupe du monde de football l'emporte encore sur les JO en termes de nombre de téléspectateurs, toutes les nations et (presque) tous les sports sont représentés, marquant un double universalisme. Après seulement six ans de présidence du CIO, Juan Antonio Samaranch a fait 91 tours du monde, rencontré 146 chefs d'États et reçu 249 décorations.

Le choix des villes d'accueil des olympiades n'est pas un hasard. Mis à part quelques exceptions comme Athènes en 2004 et son caractère historique, il veut être en accord avec les dynamiques de la mondialisation. Déjà, en 1968, le choix de Mexico répondait à cette logique. En plus de pouvoir être le théâtre de performances historiques dues à son altitude élevée, la capitale mexicaine était ainsi récompensée pour la forte croissance économique que connaissait ce pays en développement dans les années 1960. Deux ans plus tard, le Mexique accueillait la 9e Coupe du monde de football, l'une des plus spectaculaires de l'histoire, remportée par un Brésil époustouflant emmené par Pelé et Jairzinho.

Le cas de Séoul en 1988 est assez similaire. La Corée du Sud, au même titre que Taïwan, Singapour et Hong Kong, fait partie de ces Nouveaux Pays industriels asiatiques (NPIA) surnommés les « Dragons ». Tout comme le Mexique, la Corée du Sud organisera quelques années plus tard une Coupe du monde. Ce sera en 2002 avec le Japon (une nouvelle fois, le Brésil est victorieux).

C'est au tour de Barcelone en 1992 de célébrer son décollage économique en accueillant les Jeux olympiques et la fameuse Dream Team de Michael Jordan. En une vingtaine d'années, l'Espagne est devenue la douzième puissance économique mondiale tout en célébrant le 500e anniversaire de la fin de la Reconquista et de la découverte des Antilles par Christophe Colomb.

Atlanta 1996 célèbre la puissance américaine et la domination qu'elle exerce, au détriment de l'esprit olympique. Alors qu'Athènes était censée accueillir ses Jeux du centenaire, le CIO privilégie Coca-Cola et l'économie des États-Unis.

La Chine (2008) et le Brésil (2016) mettent en lumière l'émergence de nouvelles économies dans le système mondial. Le choix de Pékin a suscité de vives réactions, notamment sur la question des droits de l'homme dans un pays contrôlé par un parti unique. La victoire du Brésil et de Rio de Janeiro aux dépens de Chicago malgré le soutien de Barack Obama révèle la volonté du CIO de se préoccuper des pôles émergents. Le Brésil aura à cœur de prouver au monde qu'il peut avoir un poids considérable dans les relations internationales. Il bénéficiera d'une double exposition à l'échelle planétaire, les *Auriverdes* ayant organisé la Coupe du monde de football en 2014.

Le CIO est un acteur de la mondialisation, une ONG influente comprenant 206 États. Malgré ses contrats signés avec des multinationales dans le sponsoring et pour les droits TV, le CIO se permet de promouvoir les Jeux olympiques comme « la seule grande manifestation sportive du monde où il n'y a aucune publicité dans les stades ou sur les athlètes ». Ce qui permet de justifier sa totale indépendance dans le choix de Pékin pour 2008 en arguant du fait que tous les accords de diffusion ainsi qu'une grande partie des accords de parrainage mondiaux étaient déjà en place avant la session de délibérations du CIO à Moscou en 2001. Enfin, le CIO diversifie son action diplomatique en dépassant sa seule spécificité sportive, notamment dans le domaine de l'écologie[1].

Chapitre 20

Atlanta 1996, les Jeux Coca-Cola ?

La rentabilité aux dépens de l'Histoire

Plus que les Jeux olympiques de 1996 eux-mêmes, c'est leur attribution à la ville d'Atlanta qui va faire couler beaucoup d'encre. Et pour cause ! Un siècle après la naissance des Jeux modernes en 1896, il eût été logique de les attribuer à Athènes, d'autant plus que les États-Unis les avaient déjà accueillis en 1984. Atlanta ne paraissait pas pouvoir concurrencer l'image de marque de la Grèce comme berceau de l'olympisme et comme candidat idéal pour accueillir le centenaire des Jeux, mais elle abritait le siège de puissants sponsors du CIO…

C'est en 1987 qu'un ancien footballeur américain reconverti dans les affaires, Billy Payne, entreprit de présenter sa ville, Atlanta, pour l'accueil de Jeux de 1996. Il fut vite suivi par le maire de la ville et les entreprises locales, proposant au CIO un dossier soulignant la chaleur de l'accueil sudiste et l'héritage unique de la ville, lieu de naissance de Martin Luther King Jr et un des centres historiques de la lutte contre la ségrégation raciale aux États-Unis.

Lors du vote du CIO à Tokyo en septembre 1990, Atlanta n'est pas seulement en lutte contre Athènes, défendue par de nombreux délégués comme étant l'hôte naturel de la fête du centenaire olympique : Belgrade est en lice, tout comme Melbourne, Manchester et Toronto, qui veut profiter du succès des Jeux d'hiver de 1988 à Calgary. Au terme du cinquième tour de scrutin, Atlanta devance

Athènes de 16 voix (sur 86). Officiellement le CIO défend son choix en avançant la qualité des infrastructures de la capitale géorgienne. Mais il est difficile de ne pas y voir une récompense du Comité à Coca-Cola, qui siège à Atlanta et parraine l'olympisme depuis 1928. La marque était membre du programme TOP, instigué par Samaranch, qui regroupe onze multinationales qui sponsorisent les Jeux.

Dans le cadre de l'enquête parlementaire américaine sur le scandale de l'attribution des JO à Salt Lake City, des documents secrets publiés en 1999 montrent que de nombreux pots-de-vin et d'aides en tout genre ont été utilisés pour convaincre les membres du CIO d'accorder les Jeux à Atlanta. Certes, l'achat des votes est une pratique traditionnelle des villes candidates. Dans les années 1970, Nixon était prêt à offrir des pierres de Lune au CIO pour éviter que Moscou n'accueille les Jeux de 1980… Néanmoins, comme l'explique Andrew Jennings dans son ouvrage *La Face cachée des Jeux olympiques* : « Atlanta avait le don de savoir offrir[1]. » De nombreux voyages, spectacles, billets d'avion, invitations diverses étaient offerts aux membres du Comité olympique et à leurs épouses, tandis que leurs enfants étaient admis dans de prestigieuses universités américaines. Tant pis pour l'idéal olympique, Atlanta est sélectionnée et Athènes attendra encore huit ans pour accueillir « ses » Jeux.

ATTENTAT ET DÉBATS

L'ambiance aux Jeux d'Atlanta est assombrie par une attaque à la bombe, le 27 juillet 1996, en plein milieu du site olympique, dans le Centennial Olympic Park. Un responsable de la sécurité découvrit la bombe et fit évacuer un maximum de spectateurs qui assistaient à un concert, mais l'explosion de l'engin provoqua toutefois la mort de deux personnes et en blessa plus d'une centaine. L'auteur de l'attentat, un Américain d'extrême droite, a été arrêté et purge une peine d'emprisonnement à vie. Cette attaque a traumatisé le comité d'organisation qui s'est empressé de doper la sécurité des événements. Cet attentat, couplé avec le souvenir de Munich 1972, va participer à la schizophrénie sécuritaire des Jeux à partir des années 1990.

Les Jeux de 1996 ont également souffert de problèmes de logistique, le système de transport urbain ayant connu de nombreux dysfonctionnements qui ont retardé les déplacements des journalistes et des athlètes. De même, le tout nouveau système informatique de diffusion des données IBM (autre sponsor du programme TOP) n'a pas fonctionné comme prévu sur les compétitions, provoquant de nombreux imbroglios techniques. Enfin, de nombreux observateurs ont pointé du doigt la commercialisation à outrance des événements, et notamment le fait que seules les boissons du groupe Coca-Cola étaient disponibles dans les enceintes. Ces polémiques ont contribué à nourrir le parfum de scandale sur le choix de la ville d'Atlanta.

UN MORCELLEMENT GÉOPOLITIQUE FAVORABLE

Cependant, cette édition a contribué à l'universalisation des Jeux, puisque 197 nations y ont participé. Profitant de la vague d'optimisme liée à la signature des accords d'Oslo, la Palestine est représentée pour la première fois, même si elle n'est pas un État. Les ex-nations soviétiques, qui en 1992 concouraient comme une équipe olympique, peuvent désormais afficher leurs propres couleurs : Russie, Ukraine, Kazakhstan, Biélorussie, Arménie, Moldavie, Ouzbékistan, Azerbaïdjan, Kirghizistan, Tadjikistan,

Turkménistan et Géorgie grossissent ainsi les rangs de l'olympisme. La Yougoslavie et la Macédoine se sont également présentées avec des délégations indépendantes, ainsi que la République tchèque et la Slovaquie, le « divorce de velours » entre ces deux nations étant entré en vigueur en janvier 1993. L'implosion des empires multinationaux (URSS, Yougoslavie) et la « prolifération étatique » qu'elle suscite viennent automatiquement augmenter le nombre d'États participants. Pour une jeune nation, l'adhésion au CIO (et à la FIFA) est presque aussi importante que celle à l'ONU et amène beaucoup plus de visibilité, tant sur le plan national qu'international.

Chapitre 21

La médiatisation des Jeux olympiques, du désintérêt à l'engouement planétaire

Le couple médias-JO est lié par un mariage d'amour : les médias et le public se passionnent pour les dieux du stade, qui ne détestent pas être admirés. Mais c'est aussi un mariage de raison. Les JO font lire les journaux, écouter la radio, regarder la télévision. Quelque 21 000 journalistes ont été accrédités pour les Jeux de Londres en 2012.

La presse sportive se développe en lien avec l'avènement des grandes compétitions, dont les Jeux. *L'Auto-Vélo* (ancêtre de *L'Équipe*) est créé en 1900. *La Gazzetta dello Sport* est créée en 1896 pour les premières olympiades.

Le premier grand tournant est pris en 1924 lorsque 700 journalistes suivent les épreuves des olympiades de Paris. Elles sont pour la première fois commentées en direct à la radio grâce à la TSF. Hitler, roi de la propagande, fait placer en 1936 des écrans géants dans Berlin pour que tous puissent profiter des exploits des champions.

Nouvelle extension de la médiatisation en 1960 à Rome. C'est la première retransmission télévisée en direct et à grande échelle grâce à l'Eurovision. Le stade devient une enceinte virtuelle pouvant contenir des millions de spectateurs. Ils sont alors 200 millions à suivre cette olympiade qui a permis de rapporter 1,2 million de dollars. Quatre ans plus tôt, à Melbourne, les télévisions ont refusé de diffuser les épreuves, estimant que les JO sont un événement d'intérêt public et qu'ils devraient être diffusés gratuitement. Certains membres du CIO s'inquiètent des dérives financières des Jeux, mais les revenus des droits TV, qui financent l'olympisme et le sport en général, vont représenter une manne financière trop importante pour être négligée.

Depuis 1964 et l'utilisation d'un satellite pour assurer une couverture mondiale, les téléspectateurs sont de plus en plus nombreux à assister en direct aux exploits des champions. Ainsi, les Jeux de Moscou (1980) sont suivis par plus de 1,5 milliard de personnes, ceux de Los Angeles et d'Atlanta par plus de 2 milliards. Selon les chiffres de Nielsen Media Research, 4,7 milliards de téléspectateurs ont suivi les Jeux olympiques de Pékin en 2008, soit 20 % de plus que pour les JO d'Athènes quatre ans plus tôt.

LES JO DANS UNE NOUVELLE DIMENSION

Durant son mandat à la tête du Comité international olympique (1980-2001), l'Espagnol Juan Antonio Samaranch fait entrer l'olympiade dans l'ère professionnelle, au détriment de l'amateurisme. Cela entraîne une commercialisation de ce spectacle planétaire en méga événement (développement du sponsoring, du merchandising et des droits télévisuels). La *Charte olympique* de Coubertin interdisant cette évolution, Samaranch en fait modifier le texte en ajoutant à l'article concerné « sauf pour le CIO ».

Grâce aux développements technologiques, la qualité des images s'améliore et atteint un haut niveau de perfection. Le ralenti permet de suivre en détail le geste d'un athlète, et des caméras placées sous l'eau introduisent l'œil du spectateur dans les piscines pour suivre l'évolution des nageurs.

Les chaînes de télévision achètent les droits de diffusion des Jeux, qui constituent environ la moitié des revenus du Mouvement olympique[1]. Ce sont les chaînes américaines qui apportent la contribution la plus élevée. Leur poids dans les négociations, particulièrement dans le choix de la ville hôte, est donc considérable. Le CIO accorde néanmoins aux télévisions les moins riches de retransmettre quand même les Jeux olympiques.

Les droits télévisés, qui s'élevaient à 1,2 million de dollars en 1960, passent à 400 millions pour les Jeux de Séoul en 1988.

NBC, L'HISTOIRE OLYMPIQUE

Pour pouvoir diffuser les Jeux, de 2004 à 2008, NBC a mis 2,3 milliards de dollars sur la table. Une relation qui semble perdurer puisque le network américain, qui a diffusé chaque JO d'été aux États-Unis depuis 1988, a obtenu les droits de retransmission des JO de 2012, contre une somme de 2,2 milliards de dollars (comprenant également les JO d'hiver de Vancouver en 2010). NBC a de nouveau sorti l'artillerie lourde dernièrement en déboursant 1,226 milliard de dollars pour les JO de Rio de Janeiro en 2016 ainsi que 1,418 milliard de dollars pour les Jeux olympiques de Tokyo en 2020[2].

En cumulant l'attribution TV des olympiades d'été et d'hiver revenue à NBC de 2014 à 2020 (soit quatre éditions), la chaîne a déboursé 4,38 milliards de dollars. Un deal qui garantit des rentrées d'argent pour le CIO jusqu'en 2020, mais aussi pour le comité national des États-Unis, qui récupère 12,75 % du montant, soit 558 millions de dollars.

La mainmise de NBC sur les Jeux olympiques tend à se poursuivre depuis que le groupe de médias américains Comcast a racheté 51 % de NBC Universal le 18 janvier 2011. Une bonne nouvelle pour la chaîne américaine qui a enregistré une perte de 223 millions de dollars lors des Jeux d'hiver de Vancouver en 2010.

LES MÉDIAS, POUMON DE L'OLYMPIADE

Les médias apportent argent et visibilité, elle-même source de financement. Les grandes entreprises parrainent ce rassemblement sportif mondial pour y associer leur image. Les droits TV apportent à eux seuls plus de la moitié du financement. Le poids des chaînes américaines est prépondérant, d'où la nécessité de modifier les horaires des épreuves pour être en phase avec la disponibilité des téléspectateurs américains. Selon la commission de programme olympique dans un rapport de 2002 : « L'intérêt manifeste par le public et les médias pour un sport doit être considéré comme un facteur clé lors de l'analyse du sport car il s'agit d'un élément essentiel pour le succès des Jeux. »

Mais à y regarder de près, on constate que l'impact médiatique du sport est sans commune mesure avec l'argent qui y est investi. Les sommes sont certes importantes, mais elles restent relativement faibles face à l'exposition médiatique.

Depuis 1936 et la première diffusion télévisuelle des Jeux olympiques, la médiatisation des olympiades a beaucoup évolué. L'histoire d'amour JO-médias ne cesse de s'intensifier, chacun étant dépendant de l'autre. Les médias assurent la diffusion d'un événement de plus en plus suivi par des individus dont l'engouement pour les compétitions et les exploits sportifs est tel que la marge d'erreur est minime.

En médiatisant les JO de la sorte, les diffuseurs ont donné à ce rendez-vous quadriennal une portée universelle, en faisant une cible inespérée pour toutes les grandes marques qui se sont alors empressées de les parrainer, comme Coca-Cola, partenaire permanent du CIO et des Jeux olympiques. On peut alors se demander si les Jeux d'été ne sont pas devenus les « otages » des intérêts de ces grands groupes des médias qui assurent leur diffusion. En exigeant du spectacle à outrance, des performances mémorables et des records pour ravir les spectateurs, les médias considèrent le sport uniquement à travers sa vision économique, l'objectif principal étant de maximiser les profits en attirant de plus en plus de spectateurs.

La médiatisation a-t-elle alors entraîné des dérives sportives au cours d'olympiades ? Lors des Jeux olympiques d'Atlanta, 16 sportifs ont été déclarés « positifs » à des produits illicites. L'escalade des investissements médiatiques peut être alors perçue comme une entrave à l'esprit olympique.

Chapitre 22

Sydney 2000 et Athènes 2004, des symboles forts

SYDNEY : LA RECONNAISSANCE MONDIALE DES ABORIGÈNES

Les Jeux de l'an 2000 sont les deuxièmes à se tenir dans l'hémisphère sud, quarante-quatre ans après ceux de Melbourne en 1956. Ces Jeux d'été ne le sont pas réellement puisqu'ils se déroulent dans l'hiver austral, dans la deuxième quinzaine de septembre. Élue en septembre 1993, la ville australienne a devancé Pékin de 2 voix seulement (45 à 43).

Les Jeux de Sydney ont cultivé plusieurs images fortes et représentatives de l'esprit olympique. Tout d'abord les Jeux du Millénium enregistrent un nouveau record de délégations participantes : 199. Quatre pays font leur entrée dans le cercle olympique : l'Érythrée, la Micronésie, les Palaos et le Timor oriental, indépendant depuis 1999[1] et sous la supervision des forces armées australiennes. L'Afghanistan est le seul pays participant en 1996 à être expulsé du Mouvement olympique, en réponse à la politique des talibans qui interdisent les pratiques sportives et oppriment les femmes. Image forte des Jeux, les deux Corées défilent ensemble lors de la cérémonie d'ouverture, sous un drapeau représentant la péninsule coréenne réunifiée, bien que les deux pays concourent séparément.

L'accueil des Jeux permet à l'Australie de montrer un visage positif. L'héritage aborigène est mis en avant lors de la cérémonie d'ouverture, notamment avec Cathy Freeman, Australienne aux origines aborigènes choisie pour allumer la flamme olympique. Il s'agit d'un symbole fort de réconciliation nationale entre le peuple originel et les descendants des migrants européens qui les avaient largement massacrés et les maintenaient dans une condition sociale inférieure. Lors de ces Jeux, Freeman remporte la médaille d'or du 400 mètres. L'Australie utilise ainsi la tribune de la cérémonie d'ouverture pour se donner une image des plus positives, et ce, malgré les controverses qui entourent la politique australienne vis-à-vis du peuple aborigène. Les pays occidentaux et les médias auraient-ils réagi aussi positivement si, en 2008, la Chine avait utilisé un représentant tibétain pour en faire sa publicité ?

L'une des coqueluches des Jeux est également l'Équato-Guinéen Éric Moussambani qui réalise à Sydney l'anti-record de 1'52"72 au 100 mètres nage libre (le record du monde et olympique était de 47"84). Il évoluait pour la première fois dans un bassin olympique, lui qui s'entraînait dans la piscine de son hôtel. Ses deux concurrents étant disqualifiés, il accomplit l'épreuve seul, et avec beaucoup de difficulté. Le public australien lui accorda une standing ovation et salua son courage. La contre-performance de ce jeune inconnu est ainsi devenue un symbole de l'esprit olympique.

Athènes 2004 : les Jeux retournent aux sources

Le dossier de candidature d'Athènes l'emporte en septembre 1997 face à Rome et au Cap. L'histoire et le rôle de la Grèce dans le Mouvement olympique ont permis à la capitale grecque de l'emporter, mais au contraire de la sélection pour 1996, cette fois-ci les dirigeants grecs ont su faire preuve de plus d'humilité et d'organisation lors de la procédure de candidature.

Les importants retards et autres inquiétudes techniques au cours de la préparation des Jeux instillent toutefois le doute sur la capacité du pays à accueillir les Jeux. Un an avant la cérémonie d'ouverture, un seul site est prêt. Les déficiences politiques et administratives ainsi que le manque de savoir-faire technique expliquent en grande partie les retards dans la préparation. Jusqu'à la dernière minute, le CIO a prévu un plan d'urgence de relocalisation des Jeux à Munich, mais au prix d'un dernier effort qui oblige les Grecs à recruter une main-d'œuvre étrangère et bon marché, les dernières installations sont terminées à quelques jours des Jeux !

La cérémonie d'ouverture est naturellement dédiée à la mythologie, l'histoire et la civilisation de la Grèce, berceau de la démocratie et des Jeux. 201 nations défilent lors de cette cérémonie et, comme en 2000, les deux Corées partagent un même drapeau. L'Afghanistan, occupé par une coalition armée internationale, réintègre les Jeux, et les Kiribati font leur première apparition.

L'autre spécificité de cette olympiade est sa sécurisation, devenue un souci majeur pour les organisateurs et la communauté internationale qui tient à ce que ses athlètes et son staff soient en sûreté. Les attentats du 11 septembre 2001 aux États-Unis puis ceux de Madrid en 2004 alimentent la surenchère sur la menace terroriste. Déjà, lors des Jeux d'hiver 2002 à Salt Lake City, le village olympique était devenu un camp militaire retranché, mais pour Athènes, quelques mois après les attentats de Madrid, la sécurité va franchir un nouveau cap : le budget sécurité passe de 145 millions d'euros dans le dossier de candidature à 1,8 milliard d'euros ! 70 000 militaires sont déployés pour surveiller les différents sites, les champions et les spectateurs. Pour ces Jeux, la Grèce a demandé l'aide de l'OTAN (dont les soldats auraient formé la plus forte délégation s'ils avaient été comptabilisés comme telle), notamment pour assurer la sécurité aérienne. Un groupe de 7 États (États-Unis, Israël, Allemagne, Australie, Espagne, France et Grande-Bretagne) a été formé pour transmettre des recommandations au comité d'organisation grec et contribuer à des formations d'apprentissage sur le terrorisme chimique, biologique ou nucléaire ou toutes autres actions terroristes. Même l'Agence internationale de l'énergie atomique (AIEA) a été sollicitée pour fournir une assistance technique. Le temps des Jeux, la marine américaine et des forces navales de l'OTAN quadrillent la Méditerranée. L'extrême visibilité des Jeux en fait une cible de choix.

Chapitre 23

Pékin 2008, la politique au premier plan

La Chine et l'olympisme : une histoire mouvementée

Ravagée par les turbulences politiques intérieures, la Chine attend 1932 pour participer à ses premiers Jeux olympiques. En 1949, le Parti communiste de Mao établit son pouvoir sur tout le continent chinois. Le nationaliste Tchang Kaï-chek se réfugie sur l'île de Taïwan. Chacun déclare représenter la Chine. Deux comités nationaux olympiques sont mis en place : l'un à Pékin, l'autre à Taïwan.

En 1952, le CIO autorise les sportifs des deux Chines à participer aux JO d'Helsinki. Cette solution est fermement rejetée par Taïwan qui, se considérant comme le seul et unique représentant de la Chine, boycotte donc les Jeux d'Helsinki. En 1954, la Chine populaire devient officiellement membre du CIO. Pékin – qui n'est toujours pas admise à l'ONU – y voit l'amorce d'une reconnaissance internationale. Elle demande que « la prétendue organisation des sports de la traîtresse clique de Tchang Kaï-chek, ardemment répudiée par 600 millions de Chinois, soit exclue des JO ». Le CIO ne cède pas. La Chine populaire boycotte les Jeux de Melbourne de 1956 et se retire du CIO. Une aubaine pour Taïwan qui peut représenter seule la Chine dans les olympiades. La non-participation de la Chine aux JO correspond à son autarcie politique. À partir de 1972, un rapprochement diplomatique se fait avec les États-Unis à l'initiative de Nixon et Kissinger qui veulent profiter de la rupture sino-soviétique. Pékin prend en 1971 la place de Taïwan au Conseil de sécurité de l'ONU.

En 1979, la Chine est réintégrée dans le CIO sous le nom de « comité olympique chinois », mais Taïwan y est maintenue sous le nom de « comité olympique de Taipei de Chine ». Si Pékin peut dire que cela sous-entend que Taipei fait partie de la Chine, il y a néanmoins deux délégations et la RPC admet au CIO ce qu'elle n'admet pas à l'ONU : coexister officiellement avec Taïwan. Taïwan boycotte les Jeux de Moscou de 1980 pour suivre les Américains. Ironie de l'histoire, la Chine, afin de mettre en difficulté l'URSS, va aussi les boycotter ! Elle participe aux Jeux de Los Angeles (boycottés par l'URSS). Taïwan soutient les deux candidatures de Pékin à l'organisation des JO de 2000 et 2008.

Critiques et polémiques

Dès la désignation de Pékin en 2001 pour l'organisation des JO de 2008, de nombreuses voix s'expriment contre ce choix. Comment le CIO a-t-il pu accorder l'honneur de recevoir les Jeux à une dictature ? Le CIO se retranche derrière l'argument de l'apolitisme. *Mezza voce*, il se dit que les Jeux vont contribuer à l'ouverture du régime chinois. Par ailleurs, peut-on attribuer les Jeux uniquement à des pays occidentaux sous couvert d'argument démocratique ? Ces derniers peuvent-ils vraiment se poser en donneurs de leçon ? Attribuer les Jeux au pays le plus peuplé du monde et qui, on le voit déjà, va devenir la première puissance mondiale est trop tentant pour le CIO. Cela conforte l'image d'un organisme qui contribue à façonner l'histoire. Enfin, un second refus – après celui de 2000 – serait interprété comme une hostilité de principe à la Chine. C'est le message adressé par Juan Antonio

Samaranch lorsqu'il avoue juste avant l'attribution : « Mon cœur est avec Paris, mais ma tête avec Pékin. Si on refuse une deuxième fois les Jeux à la Chine, le pire est imaginable. Elle se fermerait, elle se durcirait[1]. » Trois jours après la victoire de Pékin, Samaranch quitte la scène olympique et est remplacé par son protégé, le Belge Jacques Rogge.

Mais dans les pays occidentaux, de nombreuses ONG se mobilisent pour critiquer l'attribution des Jeux à la République populaire de Chine. En 2001, peu avant l'élection de Pékin, RSF publie à destination du CIO un rapport accablant sur la Chine[2]. Selon ce rapport, attribuer l'olympiade au régime chinois pose un risque tant le pays ne respecte pas les droits de l'homme. Le concert des ONG qui protestent contre le choix du CIO est de plus en plus bruyant à l'approche des Jeux. Elles critiquent l'oppression de dissidents démocrates régulièrement arrêtés par la police, le plus souvent accusés de « subversion ». De nombreux leaders du Parti démocratique de Chine, parti non reconnu par les autorités, ont été punis par des peines allant de cinq à huit ans de détention.

Enfin, la répression envers les minorités, notamment celle exercée au Tibet et au Xinjiang, alerte une partie de la communauté internationale. À l'annonce de la décision du CIO, les ONG citent ces multiples exemples et appellent donc à ne pas accorder les JO à un pays dont le régime en place n'a « aucune légitimité démocratique ». Si Amnesty International et Human Rights Watch se sont positionnés contre l'attribution des JO à Pékin, Amnesty International est contre le boycott une fois les jeux attribués, que ce soit sportif ou politique.

Se met alors en place une coalition hétéroclite pour demander le boycott. À côté des ONG de défense des droits de l'homme qui mettent en avant ce motif, il y a tous ceux qui s'inquiètent de la montée en puissance de la Chine, qui la voient comme une menace pour le monde occidental, qui estiment que ce dernier doit tout faire pour gêner la montée en puissance de Pékin. Pour eux, la défense des droits de l'homme est un prétexte, pas la véritable motivation. On remarquera que l'attribution des Jeux de 2012 à Londres, alors que le Royaume-Uni avait été très actif pour lancer la catastrophique guerre d'Irak, n'a pas suscité ce type de réactions.

Il y a également tous ceux qui veulent se faire de la publicité personnelle et qui profitent de la visibilité des Jeux pour jouer les belles âmes à peu de frais. Parmi eux figurent des ex-maoïstes, zélotes de la Chine lorsqu'elle était un véritable régime totalitaire, et qui la dénoncent aujourd'hui qu'elle n'est plus qu'un régime autoritaire. La Chine n'est certes pas une démocratie, mais n'est-il pas préférable d'être chinois aujourd'hui que sous Mao ? Il y a ceux qui méprisent le sport, parce que trop populaire à leurs yeux, ou constituant un « opium du peuple » pour d'autres. La comparaison avec Berlin 1936 est faite. Ceci n'est pas seulement excessif, mais scandaleux, par rapport à la mémoire des victimes d'Hitler. La Chine n'est certes pas une démocratie occidentale, son régime politique n'est ni celui de la Norvège, ni celui de la France, mais la comparaison avec le régime nazi est aussi stupide que révoltante.

Les adversaires du boycott mettent en avant que, accueillant le monde entier, Pékin sera obligé de jouer l'ouverture. Certes, les JO n'apporteront pas, comme un produit instantané, la démocratie, du moins ils feront un pas, fût-il modeste, dans cette direction. À l'inverse, le boycott aurait pour effet une crispation du régime qui aurait beau jeu de dénoncer le complot de l'étranger.

Pour les Chinois, les JO sont l'occasion de consacrer aux yeux du monde la montée en puissance de leur pays, qualifié d'émergent pacifique. Ils n'ont pas oublié les humiliations du passé. Au début du XIXe siècle, l'Empire du Milieu est la première puissance mondiale d'un monde non globalisé. Les interventions des puissances extérieures et l'incurie de ses dirigeants ont marqué son déclin. La Chine veut faire des Jeux olympiques une vitrine dans laquelle le monde va l'admirer. Les cercles des dirigeants et la population chinoise en tirent une grande fierté.

Les belles âmes qui prônent le boycott oublient deux choses. Ces Jeux ne sont pas ceux du régime, mais ceux de la Chine. Le peuple chinois est heureux et fier de recevoir les Jeux. Un boycott ne le détournerait pas du régime, mais il nourrirait une colère vis-à-vis de l'étranger.

Il serait en outre hypocrite de boycotter les JO de Pékin alors que les relations politiques et surtout commerciales avec la Chine se développent. Peut-on boycotter sportivement un pays avec lequel les échanges commerciaux se multiplient ? Pourquoi demander aux sportifs ce qu'on ne demande pas aux autres ?

Au moment de prendre sa décision, le CIO décide de ne pas rentrer dans le débat politique et élude la question. Juan Antonio Samaranch est le premier avocat du dossier chinois et demande aux membres du CIO de ne pas tenir compte de la question des droits de l'homme. Celle-ci ne sera posée que par les ONG et les journalistes.

Le CIO s'appuie en effet sur le point 6 des principes fondamentaux de la *Charte olympique* : « Toute forme de discrimination à l'égard d'un pays ou d'une personne fondée sur des considérations de race, de religion, de politique, de sexe ou autres est incompatible avec l'appartenance au Mouvement olympique. »

Le 25 mars 2008, devant la montée des pressions, Jacques Rogge prononce un discours phare pour défendre la position inflexible du Comité olympique : « Accorder les Jeux olympiques au pays le plus peuplé au monde ouvre l'olympisme à un cinquième de l'humanité. Nous pensons que la Chine va changer en ouvrant le pays aux yeux du monde à travers l'accueil de 25 000 journalistes qui vont assister aux Jeux. Les Jeux olympiques sont une force pour le bien. Ils sont catalyseurs de changement, mais pas un remède à tous les problèmes… Les ONG et les activistes des droits de l'homme veulent influencer les Jeux et demandent au CIO d'agir à leurs côtés. Le CIO est indubitablement respectueux des droits de l'homme. Le CIO respecte les ONG et les groupes militants et leurs causes, et est régulièrement en contact avec eux – mais nous ne sommes une organisation ni politique ni militante[3]. »

L'opposition aux Jeux chinois se manifeste notamment lors du parcours de la flamme olympique qui s'étend sur les cinq continents. Des incidents marquent les différentes étapes de ce relais. C'est le cas, en particulier, lors de l'allumage de la torche à Olympie le 24 mars, puis lors de son passage à Londres le 6 avril, à Paris le 7 avril et dans une moindre mesure à San Francisco le 9 avril et à Buenos Aires le 11 avril 2008. L'allumage, effectué le 24 mars 2008 à Olympie, en Grèce, est marqué par l'intervention de membres de Reporters sans frontières qui brandissent des banderoles appelant au boycott des Jeux. La télévision chinoise, qui retransmet cet événement en léger différé, interrompt alors sa transmission[4]. Plusieurs manifestations et incidents sont orchestrés au nom de la cause tibétaine. Des manifestants tentent d'éteindre la flamme à Londres le 6 avril puis le lendemain à Paris. Vêtus de survêtements bleu et blanc, les membres de la garde de la flamme olympique, une unité de 70 hommes dont 30 pour le parcours à l'étranger, sont issus de la police armée populaire chinoise. Le porteur de flamme français, David Douillet, déclare à leur sujet : « J'appellerais ça plutôt des robots ou des chiens de garde, qui n'ont aucune humanité, vous bousculent, vous tarabustent, vous empêchent de courir, vous invectivent en chinois[5]. » Suite à de nombreuses bousculades, la flamme est éteinte et son parcours réduit. Seuls 40 des 80 relayeurs prévus initialement peuvent se transmettre la flamme. Dans les jours qui suivent, certains plans d'actualité des incidents sont abondamment diffusés à la télévision nationale chinoise, notamment la tentative, par un manifestant portant des symboles tibétains très visibles, de renverser le fauteuil roulant de l'athlète chinoise handicapée Jin Jing qui porte la flamme. Le passage de la flamme à San Francisco, où de nombreuses manifestations sont prévues le long du parcours, a été raccourci. À noter également que plusieurs personnalités ont refusé de porter la torche, prenant position en faveur du Tibet. Sur le territoire chinois, la flamme traverse la région du Xinjiang, à majorité musulmane et en partie dissidente, ainsi que le Tibet, mais les habitants sont à chaque fois invités à rester chez eux, et l'accès des journalistes au parcours est strictement contrôlé par le pouvoir central[6].

La question du boycott

En France, plusieurs politiques avancent l'hypothèse de boycotter les Jeux de Pékin, notamment au sein du Parti socialiste qui est dans l'opposition. Nicolas Sarkozy est, en mars 2008, le seul leader mondial à avancer la possibilité de boycotter l'ouverture des Jeux[7]. Mais à l'instar des autres principaux chefs d'États, il se rend finalement à Pékin.

Rama Yade, la secrétaire d'État chargée des Droits de l'homme, affirme dans une interview accordée au *Monde* le samedi 5 avril qu'il faut « trois conditions indispensables » pour que Nicolas Sarkozy assiste à la cérémonie d'ouverture, parmi lesquelles l'ouverture d'un dialogue entre la Chine et le dalaï-lama, le chef spirituel des Tibétains accusé par Pékin d'avoir fomenté les récents troubles au Tibet. Mais très vite, le ministre des Affaires étrangères, Bernard Kouchner, dément cette annonce, tout comme Rama Yade le jour même de la parution de cette interview[8].

Le philosophe français Bernard-Henri Lévy, les acteurs américains Mia Farrow et Richard Gere ainsi que le réalisateur Steven Spielberg, qui devait participer à la mise en scène de la cérémonie d'ouverture, appellent à boycotter les JO. Le président américain George W. Bush affirme qu'il se rendra à Pékin pour assister à certaines épreuves, et promet d'évoquer à cette occasion la question des droits de l'homme. Tout en se refusant à appeler au boycott, le Japon demande à la Chine de faire preuve de transparence dans sa gestion de la crise. L'Australie juge pour sa part que le boycott d'un tel événement ne porterait préjudice qu'aux athlètes[9].

Ainsi, après plusieurs années de répit pour le CIO, la question du lien entre la politique et le sport refait brutalement surface, les commentateurs multipliant les parallèles avec les Jeux de Berlin en 1936 ou l'épisode du boycott américain de 1980. Fidèle à son principe fondateur, le CIO ignore les appels et autorise les premiers Jeux de l'Histoire en Chine.

Au sortir des Jeux, le CIO qualifie l'édition de « succès indiscutable qui a stimulé des changements en Chine en faveur de la liberté de la presse, l'environnement et la santé publique ». Le Comité précise également que « les Jeux ont étendu et renforcé le Mouvement olympique en défendant l'universalité du sport » ; « ils ont aussi apporté de nombreux bénéfices tangibles ou non à la Chine, surtout en termes d'amélioration des infrastructures publiques. Si certains effets positifs sont apparents aujourd'hui, d'autres émergeront plus tard[10] ».

Jacques Rogge et le CIO ont également été accusés de bafouer l'esprit olympique en exauçant le souhait de certains networks américains, lesquels désiraient que les finales de natation des Jeux de Pékin se déroulent en matinée. Principal bailleur de fonds du CIO, la chaîne américaine NBC a vu son vœu exaucé et a ainsi pu diffuser les finales de natation et certaines de gymnastique en prime time en raison du décalage horaire avec Pékin. À l'annonce de cette décision, les réactions et les critiques ne se sont pas fait attendre, à l'instar de celles du nageur néerlandais Pieter van den Hoogenband, triple champion olympique, qui s'est fendu d'une lettre ouverte à l'organisation olympique : « C'est une journée noire pour le sport. Si je n'aimais pas profondément la natation, je prendrais ma retraite sur-le-champ. J'entends par-ci et par-là que cette décision est bien pour notre sport, mais il faut être honnête, c'est de la foutaise[11]. » Une décision qui n'a pas de sens sportif mais qui répond à une question financière, sachant que l'argent qu'investit NBC pour diffuser les olympiades représente plus de la moitié des revenus des Jeux.

En juillet 2007, je publiais un éditorial dans *Challenges* dans lequel j'écrivais que parmi les grands sujets à venir, le boycott des Jeux de Pékin serait placé très haut, mais qu'aucun pays ne le pratiquerait. En 2012, avant les Jeux de Londres, je pariais que, dès la fin de ces derniers, il y aurait des demandes de boycott des Jeux d'hiver de Sotchi prévu pour février 2014. Dans les deux cas, le pari a été gagné. Il y avait, parmi les gens qui appelaient au boycott, des sincères et des hypocrites. L'attractivité du sport et des JO est telle qu'on est sûr de faire parler de soi en appelant au boycott. C'est une autre chose que de regarder l'effet concret et le niveau d'amélioration réelle de la situation des droits de l'homme qu'il peut amener. C'en est encore une autre que de se demander pourquoi seul le mouvement sportif serait en charge de pressions à exercer, alors que les États, organisations internationales et entreprises continueraient à agir comme avant. Ces JO n'ont certes pas suffi à faire adopter par la Chine un régime démocratique occidental, il n'est pas certain cependant que le boycott l'y aurait conduit.

Il y avait bien sûr les arrière-pensées des occidentalistes, qui voient avec inquiétude l'émergence d'autres puissances remettre en cause la domination du monde occidental sur les affaires planétaires. Les mêmes qui applaudissaient Mao hurlaient en faveur du boycott. Pourtant, faut-il mieux être chinois maintenant ou il y a quarante ans, tant sur le plan démocratique qu'économique ? À l'époque, la Chine était un pays totalitaire. Aujourd'hui, c'est un régime autoritaire. Cela fait une différence. Petit à petit, la société civile se développe et les JO y ont apporté leur contribution, modeste mais réelle.

Il y avait 500 millions d'internautes en Chine en 2008 (700 millions aujourd'hui). Il y a une opinion publique, même si elle ne se fait pas entendre par les mêmes voies que dans les pays occidentaux. La Chine n'est certes pas la Suisse. Elle n'est pas non plus la Corée du Nord. Boycotter aurait été une réaction d'occidentalistes qui refusent de voir les évolutions réelles du monde, l'émergence des autres. Cela aurait conduit à la crispation des autorités chinoises, soutenues par la population.

Chapitre 24

Londres 2012 : *Rule, Britannia !*

En accueillant les JO de 2012, la Grande-Bretagne avait trois défis à relever : le premier consistait à conforter son rang de grande puissance sportive. En 1996, le pays qui a inventé de nombreux sports s'est retrouvé dans les bas-fonds du classement (1 médaille d'or, 8 d'argent, 6 de bronze), ce qui provoqua une humiliation nationale. Les Britanniques ont par la suite mené une politique volontariste d'aide au sport de haut niveau, qui leur a permis de terminer au 4e rang à Pékin avec 19 médailles d'or. Il faut noter qu'aux JO, il y a une délégation commune pour le Royaume-Uni, sauf pour la compétition de football où les règles de représentation de la FIFA s'imposent (Angleterre, Écosse, Pays de Galles, Irlande du Nord).

Avec 29 médailles d'or, la Grande-Bretagne se hisse au 3e rang, derrière les États-Unis et la Chine et passe devant la Russie, le tout constituant une performance exceptionnelle. La ferveur patriotique, le soutien des Britanniques a joué à plein pour pousser leurs athlètes à se dépasser. La préparation de long terme également.

Cette olympiade fut marquée par le leadership des États-Unis qui, avec 46 médailles d'or et 104 médailles au total, devancent la Chine, 38 médailles d'or et 87 au total.

Le *mano a mano* que se livrent ces deux nations est la prolongation du duel qui s'était déjà joué à Pékin, en 2008. À domicile, la Chine l'avait emporté. Elle y voyait la confirmation de son aspiration à être la première puissance mondiale. Les États-Unis envoient pour message à Londres qu'il faut encore compter sur eux.

Si ce duel entre Chine et États-Unis est bien moins conflictuel que pouvait l'être celui avec l'URSS, en termes d'image, de prestige, l'enjeu est réellement important pour ces deux grandes nations. À la lutte sportive se superpose la question du leadership mondial. Et c'est un duel qui devrait perdurer ces prochaines années.

Si l'écart se creuse avec la France, celle-ci n'a pas pour autant démérité. Elle est au coude à coude avec l'Allemagne et l'Italie, nations européennes au potentiel comparable. En terminant 7e avec 11 médailles d'or, elle se situe à une place comparable à celle qu'elle occupe dans le monde. Elle a donc tenu son rang. Mais surtout, les Français ont vibré pendant 15 jours en étant à l'unisson avec leurs champions qui ont montré un visage sympathique et performant.

Certains disent que si les pays de l'Union européenne constituaient une seule et unique délégation, celle-ci se trouverait au premier rang des médailles et constituerait une démonstration de « l'Europe puissance », fût-ce une puissance douce. Penser que les nations européennes gagneraient à mettre en commun leurs médailles pour se hisser devant les États-Unis et la Chine est une idée qui n'a pas de sens. Si une délégation européenne existait, chaque nation ne pourrait pas envoyer autant d'athlètes qu'aujourd'hui, les chances de médailles diminueraient mécaniquement. Par ailleurs, ce serait un argument fort pour ceux qui craignent de voir les identités nationales mises à mal par la construction européenne.

L'une des progressions les plus importantes au classement des médailles fut celle du Kazakhstan qui, avec 7 médailles d'or, a atteint la 12e place. On peut noter ici l'effet positif pour certains pays d'occuper des sports de niche, en l'occurrence l'haltérophilie. La Jamaïque, grâce au talent d'Usain Bolt et de l'émulation qu'il suscite, occupait une place enviable (18e) qui n'a rien à voir avec son rang économique.

Le deuxième enjeu était de montrer le visage de Londres, ville monde, ouverte, accueillante et attractive, une ville phare de la mondialisation. Ce fut, là aussi, réussi. Londres a été au centre du monde et de façon positive. L'année suivante, elle devenait la ville la plus visitée au monde. Les JO ont été un formidable coup de projecteur sur la ville.

Le troisième était la sécurité. C'est désormais le budget le plus important de toute compétition sportive mondialisée. Le terrorisme avait déjà endeuillé les Jeux olympiques en 1972. Depuis 2001, la préoccupation est encore plus obsédante. Le lendemain de l'obtention des Jeux en 2005, Londres a été frappée par des attentats qui ont fait 52 morts. La fierté d'accueillir la reine des compétitions sportives s'accompagne de la crainte permanente d'un attentat. C'est désormais inéluctable.

Londres a prouvé son efficacité au niveau de l'organisation d'un tel événement. C'était un véritable défi. Elle a donné au monde l'image d'une ville accueillante, ouverte. Aucun incident notable n'a été enregistré alors que la crainte d'un attentat était forte.

Les responsables anglais ont certainement poussé un soupir de soulagement à la fin des épreuves. Les mesures de sécurité ont fonctionné et elles n'ont pas été trop pesantes.

Cette olympiade fut également marquée par une polémique sur ces athlètes saoudiennes poussées à porter le voile. Si, effectivement, l'égalité entre hommes et femmes ne fut pas pleine au sein de cette délégation, la présence de ces athlètes n'en reste pas moins un progrès. C'est une avancée, aussi minime soit-elle. Pour la première fois, l'Arabie saoudite, après avoir beaucoup tergiversé, a envoyé des sportives participer aux JO. Jacques Rogge, le président du CIO, a gagné son bras de fer avec le Comité olympique saoudien, qui jusqu'ici s'y refusait.

Certains ont déploré que les sportives saoudiennes aient dû porter le voile, avoir le corps entièrement couvert et éviter les zones de mixité. Il n'en reste pas moins que la participation aux compétitions féminines des Saoudiennes est un progrès par rapport à la situation qui existait jusqu'alors. C'est une étape due aux sports et aux JO dans le long et difficile combat pour l'égalité homme-femme dans ce pays.

Elle constitue aussi une étape dans le long chemin de l'égalité homme-femme dans les pays du Golfe. C'est une victoire due à l'olympisme. Ceux qui se sont émus de la présence de la judokate saoudienne sont plus intéressés par la critique de l'islam que par les progrès de la cause des femmes. On remarquera que personne ne s'est ému des athlètes qui faisaient le signe de croix avant les courses ou de la tenue de la médaille d'or cubaine en judo dont la chevelure était entourée de colifichets multicolores.

Le Qatar a créé l'événement pour avoir désigné une femme comme porte-drapeau. Cela n'a pas été sans susciter des débats dans l'ensemble des pays du Golfe.

Avec 85 pays qui ont obtenu des médailles, les JO poursuivent leur mondialisation et leur multipolarisation.

Chapitre 25

La compétition pour l'organisation des Jeux olympiques

Une course à l'olympiade avec des hauts et des bas

Il est coutume de dire que la rude concurrence entre les villes candidates à l'accueil des JO s'est surtout matérialisée ces dernières années. Mais cette compétition était déjà à l'œuvre lors des premières années de l'olympisme moderne. Avant même l'édition originelle de 1896, les Grecs et le baron de Coubertin sont en opposition sur le lieu d'accueil des épreuves. La Grèce organise les premiers Jeux modernes mais réserve un accueil des plus froids à Pierre de Coubertin, qui n'est pas en phase avec la volonté grecque de choisir Olympie comme lieu permanent des Jeux. Pendant plusieurs années, et ce jusqu'à la Première Guerre mondiale, Athènes cherche à tirer la couverture à elle et à dénigrer la pratique de rotation des villes candidates. Mais l'expérience avortée des Jeux intercalés de 1906 puis la Première Guerre mondiale ont raison du projet du gouvernement grec.

L'accueil des Jeux en 1904 sur le sol américain met en scène un conflit entre deux villes rivales du Midwest : Chicago et Saint-Louis. Chicago a été désignée par le CIO, mais après un intense lobbying de Saint-Louis qui accueille déjà l'Exposition universelle la même année, le CIO doit plier devant les injonctions et l'avis du président américain Theodore Roosevelt et préférer la ville du Missouri.

Londres fait également campagne dès les premières années. Les élites anglaises sont tout d'abord réticentes au projet du baron de Coubertin de réhabiliter les Jeux, mais devant le succès des premières olympiades, l'Angleterre intègre rapidement le Mouvement olympique. Témoins du prestige dont jouissent les autres pays hôtes des Jeux, les Anglais font part de leur souhait d'accueillir l'événement, ce qui sera chose faite en 1908.

Les Allemands, présents aux JO depuis leur création en 1896, sont en concurrence avec Londres et Stockholm pour le droit d'organiser ceux de 1908 et de 1912. Les Jeux de Berlin 1916 étant annulés pour cause de Première Guerre mondiale, les Allemands devront attendre 1936 et les Jeux d'Hitler. Preuve de l'attrait précoce des Jeux, il faut savoir que 6 villes étaient en lice pour l'organisation de l'édition annulée de 1916 (Berlin, Budapest, Alexandrie, Amsterdam, Bruxelles, Cleveland), soit plus que pour les Jeux de 2008 !

Pendant la guerre froide, la compétition pour organiser les Jeux décline, car si les JO évoluent et deviennent de grands événements de plus en plus coûteux à organiser, leur commercialisation reste encore lacunaire, et pendant les décennies 1960 et 1970, leur organisation implique un véritable sacrifice. Le gouffre financier de Montréal 1976 refroidit les candidatures, puisque seulement 5 candidats se bousculent pour 1980, 1984 et 1988 réunis. Entre-temps, un duel s'engage entre les États-Unis et l'URSS pour l'accueil des éditions de 1976 et de 1980. Les Américains veulent accueillir les Jeux pour l'année du bicentenaire de leur indépendance et surtout contester l'avance technique du dossier moscovite. La surenchère entre Moscou et Los Angeles conduit les Soviétiques à promettre le remboursement des coûts de transport des médaillés d'or, ce à quoi les Américains répondent qu'ils rembourseront tous les participants et que la chaîne NBC paiera plusieurs millions de dollars de droits TV au CIO… Pour 1976, le CIO choisit de botter en touche et opte pour Montréal, puis il accorde l'édition 1980 à Moscou en promettant celle de 1984 à Los Angeles.

En marge des crises des boycotts de 1976 et 1980, les appels au retour permanent des Jeux en Grèce se multiplient et le gouvernement grec lui-même adresse une proposition officielle pour un retour des Jeux à Olympie qui permettrait d'atténuer les dimensions politiques des olympiades tournantes. Mais à chaque fois le CIO refuse et conserve sa politique de rotation des villes hôtes, tout en déclenchant la procédure de commercialisation centralisée des droits TV qui va alimenter la rentabilité financière des Jeux. Pour ceux de 1984, le CIO se porte garant à 100 % de leur viabilité budgétaire et gère les contrats de sponsoring et de diffusion télévisuelle de façon agressive. La réussite de l'olympiade américaine fait gonfler les rangs des candidats. Six villes prétendent à l'accueil des Jeux de 1992, soit plus que pour les trois éditions précédentes réunies.

Le choix du CIO d'attribuer les Jeux d'été de 1996 à Atlanta puis surtout les Jeux d'hiver de 2002 à Salt Lake City fait surgir un scandale majeur lié aux pratiques de pots-de-vin et de corruption utilisées par les comités de candidature pour attirer les votes des membres du CIO. Ces pratiques s'intensifient à mesure que la concurrence pour l'accueil des JO s'accroît. Le scandale de Salt Lake City fait figure d'exemple en la matière.

LE SCANDALE DE SALT LAKE CITY

Après quatre candidatures infructueuses, Salt Lake City est enfin désignée en 1995 ville hôte des Jeux olympiques d'hiver de 2002. Mais à quel prix ? En 1998, des membres du Comité international olympique ont été accusés d'avoir perçu des pots-de-vin de la part de la commission d'organisation de Salt Lake (SLOC). L'avocat Tom Welch et le vendeur de voitures Dave Johnson, tous les deux responsables des candidatures de Salt Lake City pour les jeux de 1998 et 2002, avaient mal vécu les échecs précédents. Ils avaient fait des pieds et des mains afin de remporter la mise en voyageant en Europe, en Afrique et en Amérique latine, à la rencontre des membres du CIO. Mais malgré ça, les JO d'hiver de 1998 sont revenus à Nagano, par un vote de 46 à 42. La désignation de la ville japonaise est probablement due au fait que les États-Unis avaient accueilli une olympiade peu de temps auparavant, à Atlanta, durant l'été 1996. Mais pour Welch, la raison est tout autre : il estime que Nagano a mieux fait fonctionner son lobby auprès des membres du CIO[1].

Welch et Johnson décident donc de frapper plus fort pour les négociations suivantes. Ils ont offert des chapeaux Stetson aux délégués du CIO pour les Jeux de 1998 ; ce sera bien plus pour ceux de 2002. Des millions de dollars sont dépensés en avantages, incluant des voyages au ski tous frais payés, treize bourses d'études, des places pour le Super Bowl, de la chirurgie plastique ou des biens immobiliers. Des proches de membres du CIO se voient offrir un emploi[2]. Lorsque le scandale éclate, le célèbre document « *Geld* » est découvert. Il répertorie les habitudes personnelles et les besoins de la famille des membres du CIO. À côté de quelques noms de membres, le document contient le mot « *Geld* », (« argent » en allemand), indiquant probablement le montant perçu en pots-de-vin[3]. La stratégie de Welch et Johnson fonctionne puisque, en 1995, le CIO annonce avoir retenu la candidature de Salt Lake City pour l'organisation des Jeux d'hiver de 2002.

Le 10 décembre 1998, le scandale éclate lorsque le membre suisse du CIO Marc Hodler, à la tête du comité de coordination pour l'organisation des Jeux de 2002, annonce que plusieurs membres du CIO ont accepté des pots-de-vin. Très vite, des enquêtes indépendantes sont menées par le CIO, le comité olympique américain et le ministère de la Justice américaine.

Ces enquêtes révèlent l'étendue des pratiques de corruption non seulement pour Salt Lake City, mais également pour les éditions précédentes. En réponse, 10 membres du CIO sont expulsés, et 10 autres sont sanctionnés[4]. Il s'agit de la première expulsion pour corruption au sein du CIO. Bien que rien de strictement illégal n'ait été commis, l'acceptation des dons est moralement douteuse. Des règles plus strictes sont adoptées quant aux élections des villes hôtes pour les olympiades, même si la différence entre cadeaux, pots-de-vin et corruption reste floue encore aujourd'hui. De plus, le CIO instaure une limite d'âge pour ses membres et 15 anciens athlètes olympiques rejoignent le Comité. Mais l'image du Mouvement olympique, victime de son succès, en sort gravement entachée.

LES JEUX POUR UNE MEILLEURE IMAGE DE MARQUE

Les pratiques de corruption sont le fruit de l'exacerbation de la concurrence pour accueillir les JO. Du fait de la mondialisation et de l'émergence de nombreux pays comme nouvelles puissances sur la scène internationale, de plus en plus de pays ont le potentiel d'être élus, comme l'atteste la compétition entre Istanbul, Madrid, Bakou, Tokyo et Doha, pour les JO de 2020, attribués finalement à la capitale japonaise.

Pour ces nouvelles puissances géopolitiques, l'accueil des Jeux est une aubaine pour afficher leur réussite économique, leur image de marque (technique du « branding ») et leur respectabilité. La candidature d'un pays comme le Qatar obéit ainsi à une politique de rayonnement qui sert ses intérêts vitaux. Les petites monarchies du Golfe ont toujours en tête l'invasion du Koweït par l'armée irakienne en août 1990. En gagnant leur respectabilité extérieure, notamment grâce à l'accueil des JO, ces petits pays seront connus de tous et personne n'osera remettre en cause leur intégrité.

Pour les pays déjà établis sur la scène internationale, l'accueil des Jeux vient compléter leur stratégie de *soft power*, c'est-à-dire leur faculté à convaincre d'autres pays d'agir en leur sens. Les Jeux de 2012 ont été une belle occasion pour le Royaume-Uni d'afficher sa résilience et sa vigueur face à la morosité ambiante liée à la crise économique et européenne. Cela a constitué une promotion formidable pour la ville de Londres.

Chapitre 26

Paris 2012 ? Le coup de Trafalgar

Candidate à l'organisation des Jeux d'hiver de 2018, Annecy a été devancée par la ville sud-coréenne de Pyeongchang suite à un vote sans appel (63 voix contre 7). C'est la quatrième fois en moins de vingt ans qu'un dossier français est recalé (Lille 2004, Paris 2008, Paris 2012), signe du déclin de l'influence française dans le Mouvement olympique.

La France bénéficie pourtant d'une place à part dans l'histoire des Jeux olympiques modernes. C'est le Français Pierre de Coubertin qui est à l'initiative de la restauration des Jeux. Il fut le premier président du CIO, reconnu partout dans le monde pour sa paternité sur les JO de l'ère moderne. De plus, la France est une nation olympique dont le poids est loin d'être négligeable : après les Jeux d'hiver de 2014 à Sotchi, la France totalise 781 médailles (233 médailles d'or, 254 médailles d'argent, 294 médailles de bronze) en 49 participations (27 aux Jeux d'été et 22 aux Jeux d'hiver). Ce qui en fait la cinquième nation la plus médaillée de l'histoire des Jeux olympiques.

LA CONCURRENCE DES PAYS ÉMERGENTS

Mais la France doit désormais faire face à la concurrence accrue de pays émergents très compétitifs qui, à l'image de Pékin en 2008 ou du dossier de Pyeongchang pour 2018, parient sur la jeunesse et le développement avec des projets ambitieux, là où la France insiste sur le côté traditionnel. Alors qu'auparavant les pays les plus développés étaient privilégiés pour héberger les olympiades, la volonté des pays émergents d'accueillir des compétitions internationales a considérablement renforcé la concurrence. Voici quelques exemples récents : l'attribution des JO de 2016 a été remportée par Rio de Janeiro face à Chicago, pourtant ville de Barack Obama, les JO de 2008 organisés de manière grandiose par Pékin ou encore la Coupe du monde de football 2010 organisée par l'Afrique du Sud. Les pays du Golfe comptent aussi postuler pour les prochaines olympiades.

La défaite face aux Anglais

Pourtant, Paris a été proche de remporter la mise pour les Jeux d'été de 2012. Favorite, la capitale française s'est finalement inclinée face à Londres en juillet 2005 pour quatre voix d'écart, les Anglais faisant mieux fonctionner le lobbying auprès des décideurs olympiques. Alors que Tony Blair n'a cessé d'accueillir des membres du CIO dans sa chambre d'hôtel pour les convaincre, Jacques Chirac s'illustrait quelques jours avant la décision finale du Comité internationale olympique avec une remarque douteuse sur la gastronomie anglaise et finlandaise. Le président français de l'époque critiqua la cuisine anglaise lors d'une réunion en Russie, confiant à Vladimir Poutine et au chancelier allemand, Gerhard Schröder, qu'« on ne peut pas faire confiance aux personnes qui cuisinent aussi mal. Après la Finlande, c'est le pays avec la plus mauvaise nourriture[1] ». Une déclaration malheureuse, sachant que deux membres du CIO sont finlandais… Exemple d'une diplomatie sportive française qui peine à convaincre.

L'échec de Paris 2012 a été mal vécu par le camp parisien et son maire Bertrand Delanoë, qui n'a pas hésité à accuser publiquement Tony Blair et la direction du comité de candidature de Londres d'avoir triché : « Ils n'ont pas respecté les règles établies par le Comité international olympique. Je ne dis pas qu'ils ont flirté (avec la ligne jaune) ils sont passés de l'autre côté de la ligne[2]. » Pour l'élu socialiste, Paris n'a pas perdu sur le terrain sportif et Londres a gagné grâce à quelques petites entorses au code éthique cher au baron Pierre de Coubertin : « Nous avons fait un choix, notamment par rapport à la corruption. Ce choix, je l'assume, se défend Delanoë. On a perdu ni sur le dossier, ni sur le respect des règles olympiques, ni sur l'éthique[3]. »

Jacques Rogge, président du CIO, a bien évidemment dénoncé les attaques de Delanoë en défendant le Premier Ministre britannique Tony Blair : « On ne parle d'influence politique que lorsqu'un membre du CIO est influencé dans sa décision par des considérations idéologiques et politiques, a affirmé M. Rogge au quotidien britannique *The Guardian*. Je ne pense pas que Tony Blair ait demandé aux membres du CIO de rejoindre le Parti travailliste. Contrairement à ce qui a été dit, les villes candidates ont toutes respecté les règles, a répété Jacques Rogge. Parfois, certaines ont été proches des limites, parfois il a fallu taper sur les doigts de quelques-unes[4]. »

Et après ?

Un des principaux défauts des comités de candidature français pour les JO est la faiblesse de la communication et du lobbying auprès des membres du CIO. Alors que la Corée du Sud mobilisait 30 personnes pour défendre le dossier Pyeongchang et plus de 120 millions d'euros, Annecy accueillait la délégation du CIO avec moins de 10 membres et avec un budget de 29 millions d'euros.

Un rapport publié par Terra Nova (« Jeux olympiques en France : réussir la prochaine candidature ») a insisté sur la nécessité de mieux structurer les candidatures futures en créant une structure unique de pilotage des candidatures. Le *think tank*, proche de la gauche française, préconise également d'insister sur la qualité d'organisation de la France lors des événements sportifs et pourquoi pas, de proposer pour 2024 une candidature européenne en misant sur le rayonnement à l'échelle du continent du grand Paris.

Chapitre 27

Paris 2024 : du rêve à la réalité ?

La France reste sur quatre échecs au cours de ce siècle dans les candidatures à l'organisation de Jeux olympiques : Lille 2004, les Jeux d'été Paris 2008 et 2012 et les Jeux d'hiver d'Annecy 2022. Il ne faut pourtant pas en tirer la conclusion que la France ne peut pas obtenir de victoire dans une candidature à l'organisation de compétitions sportives internationales de première importance.

Elle a par exemple organisé les Mondiaux d'athlétisme en 2003, la Coupe du monde de rugby en 2007, les Mondiaux d'équitation et l'Euro de basket en 2015, et accueillera prochainement l'Euro de football 2016, les Mondiaux de handball en 2017 et la Ryder Cup en 2018. Les candidatures françaises savent donc être gagnantes.

Après avoir longtemps hésité, et surtout après avoir titré les leçons des échecs passés, la France a décidé de tenter une nouvelle fois de candidater, sous l'impulsion du mouvement sportif. Pour ce qui est des JO de 2008, la candidature de Paris n'avait aucune chance de l'emporter face à celle de Pékin. Le Comité international olympique ne pouvait pas infliger au pays le plus peuplé du monde, qui s'était réinvesti dans le mouvement olympique depuis déjà quelque temps, un second refus après celui de 2000. Par ailleurs, la position en flèche de la lutte antidopage de la France en 2001 lui a probablement coûté des appuis. C'est désormais plutôt un élément qui joue en sa faveur. La candidature d'Annecy a, quant à elle, été un imbroglio politique qui ne pouvait que conduire au désastre.

Finalement, le véritable traumatisme vient de l'échec de Paris 2012, candidature perdue à très peu de voix, alors que la France était sûre de sa victoire.

Il n'est pas certain que cette nouvelle candidature pour l'organisation des JO 2024 l'emporte, mais les chances de victoire de Paris sont raisonnables. Ne pas présenter de candidature par peur de l'échec aurait constitué un message particulièrement négatif envoyé à l'ensemble du monde. Cela aurait donné l'image d'une France qui doute, qui a peur d'elle-même et qui estime ne pas être en mesure d'être compétitive au niveau international. Il est donc indispensable de présenter une candidature qui aura par ailleurs un effet mobilisateur et fédérateur, et fournira un souffle d'enthousiasme collectif dont le pays a bien besoin.

Les Français ont appris de leurs échecs et les leçons de 2012 ont été retenues. Faire valoir que la France est le pays de Pierre de Coubertin ou qu'elle n'a pas reçu les Jeux d'été depuis 1924 ne sont pas des arguments de nature à lui donner un droit automatique à les organiser pour 2024.

Contrairement à 2012, c'est désormais le mouvement sportif qui est à la tête de cette nouvelle candidature et non pas les responsables politiques. En accord avec Denis Masseglia, le président du Comité national olympique et sportif français (CNOSF), la candidature est portée par le couple formé par Bernard Lapasset, un dirigeant sportif mondialement respecté, tout à fait à l'aise en anglais et qui s'y connaît en stratégie d'influence (il a notamment réussi à faire inscrire le rugby à sept comme discipline olympique à Rio), et par Tony Estanguet, triple médaillé d'or dans trois Jeux Olympiques différents et tout nouveau membre du CIO.

Laurent Fabius a par ailleurs innové en créant, en janvier 2014, le poste d'ambassadeur pour le Sport. Après Jean Lévy et Antoine Anfré, c'est Philippe Vinogradoff qui occupe le poste et est chargé de coordonner l'action du ministère des Affaires étrangères et du Développement international dans le domaine de l'influence sportive. Le sport est (enfin) reconnu officiellement comme un facteur du *soft power*.

Symboliquement, la première annonce de la candidature de Paris a été faite lors de la journée Olympique en juin 2015, en présence d'un parterre impressionnant de champions, toutes disciplines confondues. Le monde du sport semble donc particulièrement investi et est mis au premier plan. L'autre membre français du CIO, Guy Drut, est très mobilisé, alors que Jean-Claude Killy ne l'était pas ou ne l'avait pas été pour la candidature de 2012. Les responsables politiques – maire de Paris, président de la République, ministres, président de région, etc. – soutiennent cette candidature, sans pour autant être placés au premier plan. C'est la meilleure stratégie à adopter : les sportifs portent le projet tout en ayant la garantie d'un soutien des autorités politiques.

Mais pour espérer une candidature française crédible en 2024, selon la règle implicite de rotation des continents, l'Europe ne devait pas accueillir les JO de 2020. En effet, après l'Asie en 2008 (Pékin), l'Europe en 2012 (Londres), l'Amérique latine en 2016 (Rio de Janeiro), cinq villes se disputaient l'attribution des JO d'été de 2020 : Istanbul, Tokyo, Bakou, Doha et Madrid. Le choix de Tokyo a été particulièrement bien accueilli, car il laisse la porte ouverte à un choix européen pour 2024.

Boston était la ville choisie par le Comité olympique américain. Cependant, la population de Boston est plus que réticente à recevoir ces JO 2024 et le soutien interne n'a cessé de s'amenuiser au fil des semaines. Un mouvement « *No Boston Olympics* » a même été créé et ne cesse de se renforcer, ce qui n'est pas bien vu par le CIO. À l'été 2015, Boston renonçait et désignait Los Angeles comme ville candidate. Son dossier est sérieux, les Américains se mobilisent. Mais l'application extraterritoriale de la justice américaine dans les affaires sportives, notamment celle du « FIFA gate », est loin de conduire les membres du CIO à être accommodants, et a certainement dû en agacer beaucoup. Rome et Budapest sont également candidates. Il est certain que les élections présidentielles de 2017, qui se dérouleront quatre mois avant la décision du CIO, auront un impact non négligeable. Si les discours de repli sur soi, de rejet des étrangers et de stigmatisation des musulmans font l'arrière-plan majeur de la campagne électorale, et que les candidats surfant sur cette vague font un bon score, cela aura un impact extrêmement négatif sur la candidature française. On ne peut plaider pour le rejet de l'autre et vouloir être l'hôte du monde.

Liste des Jeux olympiques d'été

Année	Ville d'accueil	Nombre de pays	Nombre d'athlètes	Nombre d'épreuves
1896	Athènes	14	241	43
1900	Paris	24 ↗	997 ↗	95 ↗
1904	Saint-Louis	12 ↘	651 ↘	91 ↘
1908	Londres	22 ↗	2 008 ↗	110 ↗
1912	Stockholm	28 ↗	2 407 ↗	102 ↘
1920	Anvers	29 ↗	2 626 ↗	154 ↗
1924	Paris	44 ↗	3 089 ↗	126 ↘
1928	Amsterdam	46 ↗	2 883 ↘	109 ↘
1932	Los Angeles	37 ↘	1 332 ↘	117 ↗
1936	Berlin	49 ↗	3 963 ↗	129 ↗
1948	Londres	59 ↗	4 104 ↗	136 ↗
1952	Helsinki	69 ↗	4 955 ↗	149 ↗
1956	Melbourne	72 ↗	3 314 ↘	145 ↘
1960	Rome	83 ↗	5 338 ↗	150 ↗
1964	Tokyo	93 ↗	5 151 ↘	163 ↗
1968	Mexico	112 ↗	5 516 ↗	172 ↗
1972	Munich	121 ↗	7 134 ↗	195 ↗
1976	Montréal	92 ↘	6 084 ↘	198 ↗
1980	Moscou	80 ↘	5 179 ↘	203 ↗
1984	Los Angeles	140 ↗	6 829 ↗	221 ↗
1988	Séoul	160 ↗	8 391 ↗	237 ↗
1992	Barcelone	169 ↗	9 356 ↗	257 ↗
1996	Atlanta	197 ↗	10 318 ↗	271 ↗
2000	Sydney	199 ↗	10 651 ↗	300 ↗
2004	Athènes	201 ↗	10 625 ↘	301 ↗
2008	Pékin	204 ↗	10 942 ↗	302 ↗
2012	Londres	204	10 568 ↘	302
2016	Rio de Janeiro	Olympiade à venir		306 ↗
2020	Tokyo	Olympiade à venir		

Participations des pays africains aux Jeux olympiques depuis 1956

Année olympique	Nombre de pays africains présents
1956	6 pays
1960	12 pays
1964	22 pays
1968	26 pays
1972	30 pays
1976	6 pays (boycott)
1980	22 pays
1984	42 pays
1988	41 pays
1992	46 pays
1996	52 pays
2000, 2004, 2008 et 2012	53 pays

L'Observatoire Géostratégique du Sport à l'IRIS

L'Institut de relations internationales et stratégiques (IRIS) abrite un pôle de recherche spécifique sur le sport intitulé « Observatoire Géostratégique du Sport ». Animé par Pascal Boniface, Directeur de l'IRIS, Pim Verschuuren et Carole Gomez, chercheurs à l'IRIS, cet observatoire a pour objectif d'analyser la place du sport entre le sport au sein des relations internationales, à travers trois angles d'approche. Tout d'abord, il s'agit d'analyser la spécificité de la gouvernance du sport, à savoir le rôle et les intérêts des institutions sportives et la signification de « l'autonomie » du sport, concept promu par les organisations sportives qui cache, en réalité, des rapports complexes entre la sphère privée et la sphère publique de la gouvernance sportive. Le deuxième angle de recherche est l'étude des diplomaties sportives, qui se sont notamment multipliées avec l'émergence de nouvelles puissances étatiques sur la scène internationale. Souvent taxées de politiques d'influence, ou *soft power*, ces stratégies répondent pour autant à des intérêts politiques, économiques et diplomatiques particuliers. Enfin, le troisième angle d'analyse se concentre sur les compétitions sportives en tant que telles. Les recherches soulignent les rapports de forces géopolitiques qui peuvent s'y matérialiser (course aux médailles par exemple), mais étudient aussi leurs impacts économiques (le PIB du secteur sportif équivaudrait à 2 % du PIB mondial), ainsi que les enjeux spécifiques liés à l'organisation et l'intégrité de ces compétitions.

L'IRIS a mené plusieurs programmes de recherches pour le compte d'autorités publiques nationales (CSFRS, ministère des Affaires étrangères, SGDSN). Une des spécificités sur les stratégies de diplomaties sportives. Il s'agissait d'analyser les stratégies mises en place par des pays comme le Qatar, le Brésil, le Royaume-Uni, les États-Unis ou la Chine. L'IRIS a également conseillé le ministre des Affaires étrangères dans la mise en place de sa propre diplomatie sportive. L'expertise de l'IRIS sur les impacts sociétaux du sport lui a valu d'être invité à siéger au Conseil consultatif permanent au sein du Comité intergouvernemental pour l'éducation physique et le sport à l'UNESCO, avec qui l'IRIS est en étroite collaboration.

L'IRIS a également développé un champ de compétence spécifique sur la question de l'intégrité des compétitions sportives. Un premier programme de recherche de deux ans a débouché sur la publication du Livre blanc « Paris sportifs et corruption » (2012), suivi par un deuxième programme qui a conduit à un nouveau Livre blanc « Le blanchiment d'argent : un nouveau fléau pour les paris sportifs ? » (2013). Compte tenu des compétences accumulées par l'IRIS à travers ces deux programmes, la Commission européenne a financé un programme européen mené par l'IRIS « What national networks to fight against match-fixing? (2012-2014) », dont le but était d'informer les autorités sportives des États membres de l'Union européenne des risques liés à la corruption sportive à travers l'organisation de 23 séminaires nationaux.

En 2015, l'IRIS a commencé deux nouveaux programmes européens. Le premier est dédié à la protection des marchés de paris sportifs européens face aux risques criminels (blanchiment d'argent, infiltration, corruption). Il comprend des activités de recherche, la préparation de recommandations à destination des autorités nationales et européennes, puis une série de séminaires nationaux afin de sensibiliser et d'informer les parties prenantes aux risques criminels et aux moyens disponibles pour les limiter. Un deuxième programme européen, mené sur deux ans avec l'université de Thessalonique et un consortium de partenaires européens, va préparer et mettre en place des outils de préventions utilisables pour les athlètes sur les questions liées à l'intégrité des compétitions.

Seul centre de recherche en France spécialisé dans l'étude des aspects géostratégiques du sport, l'IRIS est ainsi devenu un acteur important de la gouvernance européenne du sport. Les experts de l'IRIS sont, par ailleurs, régulièrement invités à s'exprimer et à présenter les résultats de leurs recherches dans des conférences internationales, auprès d'institutions diverses, et auprès des médias.

Pour plus d'informations : www.iris-france.org

Notes

Chapitre 1

1. www.olympic.org/Documents/olympic_charter_fr.pdf

2. La *Charte* utilise le terme de « règles » au lieu d'« articles ».

Chapitre 2

Pas de notes.

Chapitre 3

1. Cité *in* Quentin Wargnier, *La Structuration régionale du mouvement olympique*, mémoire de Master 2, IEE Paris 8, 2015.

2. Jacques Defrance, « La politique de l'apolitisme. Sur l'autonomisation du champ sportif », *Politix*, vol. 13, n° 50, 2000, p. 13-27.

3. Pierre de Coubertin, *Pédagogie sportive*, Paris, G. Grès & Cie, 1922, p. 145.

4. Fabrice Auger, *Une histoire politique du Mouvement olympique : l'exemple de l'entre-deux-guerres*, thèse de doctorat d'histoire contemporaine, Paris X-Nanterre, 1998.

5. Joël Bouzou, *La Paix par le sport*, Paris, Armand Colin, 2010.

Chapitre 4

1. Patrick Clastres, « La renaissance des Jeux olympiques », *Outre-Terre*, vol. 3, n° 8, 2004.

2. Pierre de Coubertin, *L'Indépendant belge*, 23 avril 1906.

3. Pierre de Coubertin, *Les Batailles de l'éducation physique. Une campagne de vingt et un ans*, Paris, Librairie de l'« Éducation physique », 1909.

4. *Ibid.*

5. Yves-Pierre Boulongne, « Les présidences de Demetrios Bikélas (1894-1896) et de Pierre de Coubertin (1896-1925) », *in* Raymond Gafner (dir.), *Un siècle du Comité international olympique*, Lausanne, Comité international olympique, 1994.

6. Patrick Clastres, *op. cit.*

7. Pierre de Coubertin, *Mémoires olympiques*, Lausanne, 1932.

8. Jean-Pierre Augustin, Pascal Gillon, *L'Olympisme : bilan et enjeux géopolitiques*, Paris, Armand Colin, 2004.

9. Alain et Marie Lunzenfichter, *La Politique et l'Olympisme moderne*, Biarritz, Atlantica, 2008.

Chapitre 5

1. Chili, États-Unis, Allemagne, Autriche, Bulgarie, Danemark, France, Grande-Bretagne, Grèce, Hongrie, Italie, Suède, Suisse et Australie.

2. Robert Parienté, Guy Lagorce, *La Fabuleuse Histoire des Jeux olympiques*, Genève, Minerva, 2004.

3. Alain et Marie Luzenfichter, *op. cit.*

4. Deuxième session du CIO à Athènes, du 2 au 14 avril 1896, *Revue olympique*, XXV, avril-mai 1996.

5. Pierre de Coubertin, *Mémoires olympiques*, *op. cit.*

6. *Ibid.*

7. *Ibid.*

8. Alain et Marie Luzenfichter, *op. cit.*, p. 16.

9. *Ibid.*

10. *Ibid.*

11. Norbert Müller (dir.), *Édition de textes choisis de Pierre de Coubertin*, tome II, Zurich, Weidmann, 1986.

12. Pierre de Coubertin, *Mémoires olympiques, op. cit.*

13. Alain et Marie Luzenfichter, *op. cit.*

Chapitre 6

1. Yves-Pierre Boulongne, *Un siècle du Comité international olympique*, Lausanne, CIO, 1997.

2. Maxence et Jacques Fontanel (dir.), *Géoéconomie des Jeux olympiques*, Paris, L'Harmattan, 2009.

3. Raymond Pointu, *Les Marathons olympiques*, Paris, Calmann-Lévy, 2003.

Chapitre 7

1. *Le Sport*, 9 octobre 1935.

2. Jack Cooper, *Who Knew?! Unusual Stories in Jewish History*, Gefen Publishing House, 2010.

3. Déclaration du Reichssportführer, Von Tschammer and Osten, 1933, cité par Jean-Marie Brohm, 1936, *Jeux olympiques à Berlin*, éditions Complexe, 1983.

4. « The Games the Nazis Played », *New York Times*, 8 août 2011.

Chapitre 8

1. Alain et Marie Luzenfichter, *op. cit.*

2. *Bulletin du Comité international olympique*, n° 8, 1948. www.la84foundation.org/OlympicInformationCenter/RevueOlympique/1948/BDCF8/BDCF8h.pdf

3. Maxence et Jacques Fontanel (dir.), *op. cit.*

4. Richard Espy, *The Politics of the Olympic Games: With an Epilogue*, 1976-1980, Berkeley, University of California Press, 1981.

Chapitre 9

1. Jean-Pierre Augustin, Pascal Gillon, *op. cit.*

Chapitre 10

1. Pierre de Coubertin, *Essais de psychologie sportive : 1913*, Grenoble, J. Millon, 1992.

2. Pascal Charitas, « La naissance d'une solidarité… Les conditions d'émergence de l'aide au développement sportif olympique (la commission d'aide internationale olympique, 1952-1964) », *Staps*, n° 80, 2, 2008.

3. Cité par Alain et Marie Luzenfichter, *op. cit.*, p. 31.

4. Pierre de Coubertin, *Essais de psychologie sportive*, *op. cit.*

5. Fabien Archambault, Loïc Artiaga, « Les significations et les dimensions sociales du sport », *Cahiers français*, n° 320, mai-juin 2004.

6. Cité *in* David-Claude Kemo-Keimbou, *L'Impact de l'olympisme au Cameroun (1960-1996). Émergence et évolution d'une culture olympique en Afrique noire*, 1996.

Chapitre 11

1. « Rome 1960 ou la catastrophe française », *Sportvox*, 17 avril 2008.

2. Évelyne Combeau-Mari, « Les années Herzog et la sportivisation de l'éducation physique », *Spirales*, n° 13-14, 1998.

3. Il sera renversé en 1965 par un coup d'État militaire, aidé par les États-Unis. La répression et la guerre civile feront de 500 000 à 600 000 morts.

4. *Le Monde diplomatique*, mai 1964.

5. Richard Espy, *op. cit.*

Chapitre 12

1. « *Plus fâché, plus méchant, plus laid* » au lieu de « *Plus vite, plus haut, plus fort* ».

2. www.tommiesmith.com/bio.html

3. *The Guardian*, « 50 stunning Olympic moments N°13: Tommie Smith and John Carlos salute », Simon Burnton, 8 février 2012.

Chapitre 13

1. *Cf.* le documentaire *One Day in September* de Simon Reeve, septembre 2001.

Chapitre 16

1. Pays absents : Albanie, Allemagne de l'Ouest, Antigua-et-Barbuda, Arabie saoudite, Argentine, Bahamas, Bahreïn, Belize, Bermudes, Bolivie, Canada, îles Caïmans, Chili, Chine, Corée du Sud, Égypte, États-Unis, Fidji, Gambie, Ghana, Haïti, Honduras, Indonésie, Iran, Israël, Japon, Kenya, Libéria, Liechtenstein, Malawi, Malaisie, Mauritanie, île Maurice, Maroc, Monaco, Norvège, Pakistan, Papouasie-Nouvelle-Guinée, Paraguay, Philippines, Salvador, Singapour, Somalie, Swaziland, Taïwan, Thaïlande, Turquie, Uruguay, îles Vierges américaines, Zaïre.

2. Elles défilent ainsi sous le drapeau olympique et c'est l'hymne olympique qui est joué à l'occasion de la remise des titres de ces délégations : Andorre, Australie, Belgique, Danemark, Espagne, France, Irlande, Italie, Luxembourg, Pays-Bas, Porto Rico, Portugal, Royaume-Uni, Saint-Martin, Suisse. La Nouvelle-Zélande, quant à elle, défile sous le drapeau de son CNO.

3. Cité par Alain et Marie Luzenfichter, *op. cit.*, p. 132-133.

4. « Phone Call From China Transformed '84 Games », *New York Times*, 14 juillet 2008.

5. Nicholas Evans Sarantakes, *Dropping the Torch: Jimmy Carter, the Olympic Boycott, and the Cold War*, Cambridge, Cambridge University Press, 2010.

Chapitre 18

1. Le 30 mai 1992, le Conseil de sécurité des Nations unies vote la résolution 757 instaurant un embargo contre la Yougoslavie.

2. « Hassiba Boulmerka: Defying death threats to win gold », *BBC News Magazine*, 11 février 2012.

Chapitre 19

1. Patrick Clastres, « Le Comité international olympique : allié ou rival de l'ONU ? », *Outre-Terre*, vol. 3, n° 8, 2004.

Chapitre 20

1. Andrew Jennings, *La Face cachée des Jeux olympiques*, Paris, L'Archipel, 2000, p. 125.

Chapitre 21

1. www.olympic.org

2. « NBC et les Jeux olympiques, une relation qui se monnaie », publié sur www.sportsmarketing.fr
www.sportsmarketing.fr/nbc-jeux-olympiques-droits-media-etats-unis/

Chapitre 22

1. L'Indonésie avait annexé le Timor oriental en 1975, après la fin de la domination coloniale portugaise. L'ONU n'avait pas reconnu cette annexion et l'indépendance du Timor était réclamée depuis.

Chapitre 23

1. Jean-Pierre Augustin, Pascal Gillon, *op. cit.*

2. Reporters sans frontières, Solidarité Chine et le Comité de soutien au peuple tibétain, *Au nom des droits de l'homme, non à la candidature de Pékin aux JO en 2008*, mémoire soumis au Comité international olympique, Paris.

3. Jeremy Schaap, « From Berlin to Beijing: Politics and the Olympics », *Israel Journal of Foreign Affairs*, II 3, 2008.

4. « Incident à Olympie : la Chine interrompt la retransmission », *L'Express*, 24 mars 2008.

5. « Flamme olympique, les étranges méthodes des cerbères chinois », *Libération*, 10 avril 2008.

6. « Olympic Torch's Tibet Visit is Short and Political », *New York Times*, 22 juin 2008.

7. « Sarkozy Hints at Boycott of Olympics' Opening », *New York Times*, 26 mars 2008.

8. « Rama Yade dément avoir parlé de "conditions" pour la venue de M. Sarkozy à l'ouverture des JO », *Le Monde*, 5 avril 2008.

9. « Boycott des JO de Pékin : les pour et les contre », *Le Point*, 25 mars 2008.

10. « IOC issues glowing review of Beijing Games », *New York Times*, 27 novembre 2008.

11. « Le CIO bafoue l'esprit », Eurosport, 27 octobre 2006.

Chapitre 25

1. « Juan Antonio Samaranch remembered for Salt Lake City's Olympics and scandal », *Salt Lake Tribune*, 22 avril 2010.

2. « Senior US Olympic Committee member resigns over Salt Lake scandal », CNN, 15 janvier 1999.

3. « Memo Details Payments Made to Influence Bids », *New York Times*, 27 mai 2000.

4. « Samaranch reflects on bid scandal with regret », *Salt Lake Deseret News*, 19 mai 2001.

Chapitre 26

1. *Libération*, 4 juillet 2005.

2. « JO 2012 : Delanoë relance la polémique », *L'Expansion*, 11 juillet 2005.

3. « Delanoë, le saigneur des anneaux », LCI, 5 juillet 2005.

4. « Jacques Rogge soutient Londres contre Paris », *La Libre Belgique*, 12 juillet 2005.

Table des matières

Du même auteur

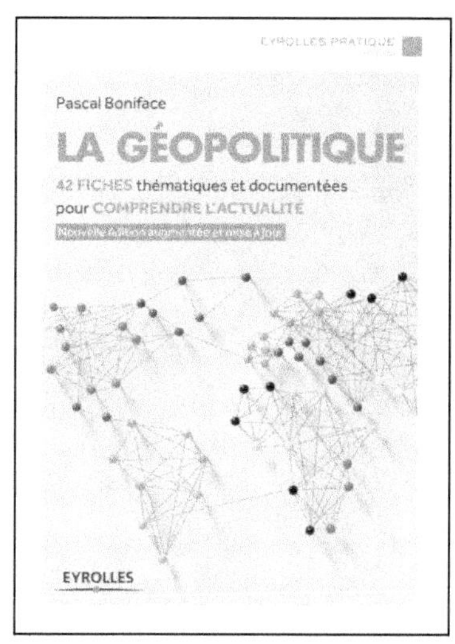

Chez le même éditeur

Imprimé en Allemagne par BoD
Dépôt légal : mai 2016

www.ingramcontent.com/pod-product-compliance
Lightning Source LLC
LaVergne TN
LVHW051155060726
842526LV00014B/3212